금화의 노래

| 한국현대수필 100년 | 사파이어문고 ⑲

錦花 **신경용** 에세이
금화의 노래

초판발행 | 2024년 5월 20일
재판인쇄 | 2024년 6월 26일
재판발행 | 2024년 7월 5일

글쓴이 | 신경용
펴낸이 | 장호병
펴낸곳 | 북랜드
　　　　06252 서울 강남구 강남대로 320, 황화빌딩 1108호
　　　　41965 대구 중구 명륜로12길 64(남산동)
　　　　대표전화 (02)732-4574, (053)252-9114
　　　　팩시밀리 (02)734-4574, (053)252-9334
　　　　등록일 | 1999년 11월 11일
　　　　등록번호 | 제13-615호
　　　　홈페이지 | www.bookland.co.kr
　　　　이-메일 | bookland@hanmail.net

책임편집 | 김인옥
기　　획 | 전은경
교　　열 | 배성숙 서정랑

ⓒ 신경용, 2024, Printed in Korea
* 저자와 협의하여 인지를 생략합니다.

ISBN 979-11-7155-060-9 03810
ISBN 979-11-7155-061-6 05810 (E-book)

값 15,000원

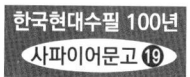

금화의 노래

錦花 **신경용** 에세이

| 머리말 |

도전의 연속인 삶

　소년 시절, 산업 일선에 뛰어들었는데 어느결에 이순耳順 중반의 세월을 지나고 있다. 짧지 않은 여정에서 많은 역경을 겪었다. 간간이 적바림했던 글들을 들춰보며 내 삶을 정리하는 한편 앞으로의 도전과 삶을 다져보고 싶었다.

　어렵고 힘들었을지라도 끝없는 도전의 연속인 세월이었다. 지난 세월을 이렇게 요약할 수 있겠다. 첫 번째는 겨우 10대 중반(1973년)에 혈혈단신으로 낯설고 물선 대구의 섬유공장을 찾아 견습공, 공원, 주임, 공장장으로 승직하며 일하다가 마침내 섬유공장 경영자가 되었다. 둘째로 일터에서 지위가 올라가고 여유가 생길수록 배움에 대한 갈증은 되레 증폭되었다. 그래서 불혹에 이르러 학원에 등록해 중·고교 과정을 검정고시로 마치고 곧바로 대학에 진학(46세)하여 석사·박사 과정을 거쳐 공부를 시작한 지 23년 만에 박사학위까지 취득했다. 뒤늦었지만 용기백배하여 학업에 도전했던

게 생에서 가장 보람되고 자랑스럽다. 셋째로 호사다마였을까. 승승장구하며 부러울 게 없었던 시절 예측하지 못했던 사태로 섬유공장에 부도가 났다. 가졌던 모든 것을 잃고도 포기하지 않고 일구월심으로 노력하는 게 가상했던지 운 좋게 일어나서 운신의 폭이 조금 넓어졌을 때였다. IMF 여파로 다시 부도를 당해 구렁텅이에 빠졌다. 그럼에도 포기하지 않고 불굴의 의지로 일에 매달렸다. 이때 역시 천우신조로 마침내 공장을 신축해 정상 궤도에 이르렀다.

  두 번의 부도를 딛고 일어서면서 어릴 때부터 꿈꿨던 교육사업에 과감하게 도전하기로 했다. 차근차근 준비 과정을 거쳐 대구의 화원 명곡에 단독 다층건물을 신축했다. 그곳에 '늘푸른유치원'을 설립하여(2001년) '8학급 정원 270명'을 인가받아 운영하고 있다. 한편 교육사업이 정상 궤도에 진입하면서 2008년에 계명대학 사회복지학과를 졸업하면서 요양원 설립을 추진해 '사회복지법인 금화복지재단'을 개원(2010년)해 운영하고 있다. 아마도 일을 할 팔자로 태어났나 보다. 수년 전(2018년)부터는 뜻하지 않게 미국의 '커넬대학교 한국 사무실'과 인연을 맺어오다가 결국에는 후원 이사장을 맡게 되었다. 그로 인해서 글로벌교육재단 운영까지 맡아 바쁜 나날을 보내고 있다. 결국 지금은 오랫동안 경영했던 섬유 사업에는 손을 떼고 늘푸른유치원, 사회복지법인 금화복지재단, 글로벌교육재단 등을 운영하며 새로운 세계를 향해 도전하고 있다.

이같이 다양한 도전을 거듭하면서 직·간접적으로 경험하거나 느꼈던 바를 평소 틈틈이 기록하였는데, 그 글들을 모으고 나누고 줄을 세워 책으로 펴내기로 하였다. 전체를 여섯 모둠으로 갈라 첫 모둠부터 '마흔, 두 번째 스무 살', '두 번째 막의 설렘', '원석과 보석의 만남', '강아지 꼬리와 고양이 꼬리', 'PX 방위병', '내 편'이라고 이름 지었다. 한편 책의 얼굴에는 나의 호인 '금화錦花'를 넣어 '금화의 노래'라고 새기기로 했다.

나름대로 진솔한 얘기를 더덜이 없이 글로 남기고 싶었다. 하지만 능력이 따라 주지 않아 전문가들의 눈에는 우수마발牛溲馬勃처럼 보이리라. 그래도 적잖은 역경을 포기하지 않고 오뚝이처럼 도전에 도전을 거듭하며 지켜온 삶의 노래라고 너그럽게 받아주시면 더할 나위 없는 영광이겠다. 모쪼록 모두가 즐겁고 보람된 나날이 되길 기원하며 붓을 놓는다.

2024년 5월 금화동산 새벽녘

금화錦花 신경용

| 추천사 |

보석으로 나아가는 지름길

(사)한국문인협회 부이사장 **장호병**

시인이자 수필가인 금화錦花 신경용 사백의 수필집 『금화의 노래』 상재를 축하드립니다.

저자 신경용 사백은 10대 중반에 혈혈단신으로 섬유공장 견습공으로 사회생활을 시작하여 공장장이 되고 마침내 경영자의 자리까지 올랐습니다. 불혹의 나이에 공부를 시작하여 중고교 과정을 검정고시로 통과하고 대학에 진학하여 박사학위까지 취득한 만학도로서 교육사업가, 복지사업가, 환경운동가입니다. 한마디로 그의 삶은 도전으로 일관된 역경 헤쳐나가기였습니다.

쌍둥이도 세대 차를 느낀다는 변화와 질주의 시대를 살고 있습니다. 어제의 정답이 오늘은 오답이 되기도 하고, 어제의 적이 오늘은 동지가 될 수도 있는 세상입니다. 하루에도 몇 번씩 "What shall I do?" "How to live?"에 직면할 때가 있습니다.

우리 삶은 시간과 공간이라는 축 속에서 이루어집니다. 문제 앞에서 해석을 기다리는 혼돈스런 삶을 카오스chaos라 합니다. 얻은 최선의 선택지는 코스모스cosmos입니다.

누구에게나 같은, 오직 하나뿐인 선택지라면 그것은 정답answer 입니다. 시간과 공간, 사람에 따라 각기 다른 선택지가 존재할 때는 해법solution이라 합니다. 더 이상 좋은 선택지가 존재하지 않을 때 비로소 명답the best solution이 됩니다.

인생사, 정답이 없다고들 말합니다.

각자 놓인 시간과 공간인 케바케case by case라는 변수가 작용하기 때문입니다. 아버지가 평소에는 아이에게 인성을 최고의 덕목으로 가르쳤지만 성적표를 받아오는 날은 낯빛이 변하고 평소의 소신이 흔들린다면 바람직하지 않겠지요. 케바케를 뛰어넘는 본질에 닿아 있어야 하겠습니다.

이 책에는 저자 신경용 사백이 각본 없는 삶에서 온몸으로 치열하게 세상과 부딪히거나 부딪혀서 얻어낸 해법들, 인간 삶의 본질에 다가가는 깨달음의 명답이 들어있습니다.

그는, 우리들 각자의 삶은 가공되지 않은 원석이라 말합니다. 원석끼리의 만남에서도, 보석과의 만남에서도 우리는 보석의 길로 나아갈 수 있다고 말합니다. 보석과 같은 훌륭한 멘토를 만나는 일 못 지않게 아름다운 멘티로서의 자세를 가져야 합니다. 놓인 자리에 따라 멘토나 멘티가 되면서 보석의 역할, 원석의 자세를 보여주면서 나의 삶도 너의 삶도 보석으로 다듬어가야 합니다. 그리고 거기에는 소홀히 할 수 없는 수많은 사람들과의 만남이 있습니다. 그 만남을 통하여 자신의 삶에서 버전을 올리는 일이 보석으로 나아가는 지름길이라는 점을 명심해야 하다고 일갈합니다

　우리 삶이 어찌 사람과의 만남뿐이겠습니까. 때로는 돌멩이 하나, 풀 한 포기, 나무 한 그루나 고양이 한 마리, 책 한 권조차도 깨달음을 얻고 내 삶의 버전을 올리는 소중한 만남이 될 수 있습니다. 이런 경우의 '만남'이야말로 '맛남'이 될 것입니다. 발음조차 같습니다.

　저자의 아호 금화錦花는 금화 모양을 띤 금잔화를 이릅니다. 아호 속에는 그의 철학이 녹아있습니다. 그의 사업은 인체에 피가 돌 듯 원활하게 진행될 것입니다. 또 아름다움으로 무궁무진 피어날 것

입니다.

  지금 우리는 초지능과 초연결이라는 화두가 지배하는 제4차 산업혁명 시대를 살고 있습니다. 홀로는 버전을 올릴 수 없습니다. 변화와 질주의 시대, 변수가 넘쳐나는 세상에서 우뚝하게 홀로 선 신경용 박사의 삶이 녹아있는 이 책과의 만남이 독자 여러분의 삶을 '맛남'으로 버전을 올려줄 것이라 믿으며 이 책을 강추합니다.

| 추천사 |

봄 보리싹 같은 진한 열정

미국 글로벌대학교 총장 **박태문** 박사

"한 번밖에 없는 소중한 인생을 어떻게 보람 있고 가치 있게 멋진 삶을 살 것인가." 하는 것은 우리 모두의 이상일 것이다. 그런데 사실 이런 삶을 사는 사람들이 많지 않기 때문에 세상은 어둡고 불안하며 함께 삶의 기쁨을 나누지 못한다. 그러나 신경용 박사는 찐 흙수저 출신으로 버거운 역경을 극복하고 오뚝이처럼 일어나 자신의 꿈과 이상을 이루어 한여름의 금잔화처럼 아름다운 삶을 살아온 분이기에 나는 이분을 존경하고 좋아한다.

어려서 일찍 섬유공장의 직공으로 들어간 그는 봄 보리싹 같은 진한 열정으로 성실하게 일하여 공장장이 되었고, 마침내 공장 경영자가 되었으며 그는 어려서부터 한이 된 학문의 꿈을 인생 후반전에 가서야 중고등 검정고시, 대학, 대학원, 최고의 박사 학위까지 일과 학업을 계속해서 성취해 냈다.

특히 어린이의 인성과 꿈을 키워주기 위해 늘푸른유치원을 설립하고 젊은이의 학업을 돕는 평생교육재단을 운영하며 배워야 산다는 이상을 실현해 간다. 또한 대학에서 사회복지학과를 전공하면서 가정과 사회발전에 헌신하고 은퇴하신 노인들을 존경하고 돌보기 위해 늘푸른실버타운 '사회복지법인 금화복지재단'을 설립하여 다양한 봉사활동을 펼치고 있다. 여기서 멈추지 않고 삶의 무게와 고달픈 환경에 눌려 자살을 시도하거나 폭력과 마약으로 생명을 경시하는 사회풍토를 안타깝게 여겨 사랑의 실천과 상담, 교육을 통해 이를 예방하고자 따뜻한 마음으로 뜻있는 지도자들과 국제생명살리기 재단을 만들어 활동하고 있다. 또한 국제적으로 열악한 미개발 국가의 청소년 마약 퇴치를 위한 축구교실과 미혼모들의 갱생보호를 위한 미혼모 미싱 기술학교를 적극적으로 후원하고 있다.

그는 남보다 바쁜 일정을 보내면서 문단에 등단한 문학가로서 수필과 시를 쓰고 낭독하는 여유를 가질 뿐 아니라 삶의 여유를 즐기는 정말 멋진 인생을 산다. 신경용 박사가 삶의 경험에서 느낀 단편의 이야기들을 칼럼 형식의 에세이로 구슬처럼 엮어 『금화의 노래』라는 제목으로 출판한다니 큰 기대가 된다. 경제적으로 버겁고 사회적으로 우울한 이 시대, 삶의 감동과 도전을 받아 시간 가는 줄 모르게 단숨에 읽게 될 것을 확신하며 이 책을 강력하게 추천해 드린다.

| 추천사 |

인내와 희생, 열정에 공감한다

미국 커넬대학교 이사장 **김화영** 박사

오늘날, 우리는 삶에서 영감을 얻을 수 있는 다양한 이야기를 찾고 있습니다. 그중에서도 신경용 박사의 삶과 업적은 특별히 주목할 만합니다. 그는 커넬대학교와의 인연을 통해 우리 학교의 건설과 번영을 위해 헌신한 인물로 그의 이야기는 우리가 이루고 싶은 꿈과 목표를 조명합니다.

신경용 박사는 단순히 대학교를 지원하는 역할을 넘어 학생들의 성공과 발전을 위해 모든 것을 다해 왔습니다. 머나먼 미국과 한국을 제주와 대구를 왕래하듯 2박 4일이라는 여정으로 바쁘게 오고 가기도 했습니다. 이러한 열정과 노력 덕분에 학교는 더욱 안정적인 발전을 이루었습니다. 참고로 본 대학은 미국 연방정부로부터 고등교육기관인 TRACS와 CHEA으로 인정받아 타 대학과의 학점 교류가 가능하며, 전 세계 어느 곳에서나 온라인으로 공부할 수 있는 환경을 조성하게 되었습니다.

이 책은 그의 삶에서 나온 다양한 경험과 깨달음을 담고 있습니다. 그의 역경과 도전, 그리고 성공의 순간들이 책 속에 고스란히 담겨 있습니다.

삶에 희망과 열정이 필요하다면, 꿈을 향해 나아갈 수 있는 용기를 주는 지침이 필요하다면, 이 책은 타의 추종을 불허할 것이라고 감히 말씀드릴 수 있습니다.

이제 커넬대학교 명예총장 신경용 박사의 책을 펼쳐 보시길 바랍니다. 그의 이야기는 당신의 삶을 변화시키고, 새로운 여정을 시작하는데 충분한 가치가 있다는 것을 알게 될 것입니다.

미국에서

| 추천사 |

이 시대의 우공愚公에게 박수를 보내며

대구 한국일보 대표이사 **유명상**

명나라 말기의 사상가 고염무는 "천하가 흥하고 망하는 데는 평범한 사람에게도 책임이 있다."고 했습니다. 역사가 늘 왕과 장군들의 힘만으로 흘러온 것이 아니라는 뜻인데, 이를 다른 측면에서 보자면 평범한 사람의 인생 속에서도 역사의 매듭을 맺고 푸는 사건들이 녹아들어 있다는 뜻이 됩니다.

더군다나 그 '평범'한 사람이 왕후장상 못잖은 끈기와 성실성으로 자신의 생을 개척했다면 그는 분명 주변인들에게 유명인에 버금가는 영향을 미치는 인물일 것입니다. 산을 옮기는 고집을 보인 우공愚公이라는 늙은이나, 연암 박지원의 평생을 두고 되새길 교훈을 님긴 閔翁민옹 역시 역사가 이름조차 진하지 못했지민 오늘날끼지 어떤 왕이나 학자보다 더 큰 영향력을 발휘하는 위인들입니다.

금화복지재단 신경용 이사장도 바로 그런 인물이라고 확신합니다. 우선 그의 인생은 우리 지역사地域史와 궤적을 같이합니다. 가난한 집안에서 태어나 젊은 시절 섬유공장 견습공으로 뛰어들어 광영섬유 공장을 운영하면서 ㈜한보실업 무역회사 오너의 자리에 올랐다가 IMF 때 부도를 경험하고, 이후 교육 사업에 뛰어들어 늘푸른유치원을 운영하면서 노인복지 늘푸른실버타운 금화복지재단을 설립하여 다양한 봉사활동을 펼치고 있습니다. 섬유와 금융 위기, 고령화 시대에 발맞춘 복지사업에 이르기까지 지역의 역사를 축소

시켜 놓은 느낌까지 듭니다. 그의 삶을 찬찬히 살펴도 70년대에서 2000년대에 이르는 지역사地域史를 완성할 수 있을 듯합니다.

그의 삶이 시대의 상황을 반영하고 있긴 하지만, 무작정 흘러가는 대로 살아온 것은 아닙니다. 삶의 굽이굽이마다 땀과 눈물이 배어 있습니다. 가난을 극복하려고 청소년기부터 말 그대로 혼신의 힘을 다해 섬유 사업을 했고, 죽을 고비를 몰고온 금융 위기의 파고를 악착같이 넘었으며, 다른 사람들에게 "기름쟁이가 무슨 교육사업이냐?"는 핀잔을 들어가면서 불혹의 나이 46세에 중·고등학교 과정을 검정고시로 마치고 대학과 대학원 과정까지 공부해 결국 늘푸른유치원을 탄생시켰습니다. 또한 눈앞의 이익에 급급하거나 현실에 안주하지 않고 고령화 사회에 기여하고자 금화복지재단을 설립해서 봉사하고 있습니다. 그는 우리 시대의 '달인'입니다. 달인은 무엇이든 척척 해낸다는 뜻도 있겠지만, 그보다 '무명의 위인'이라는 의미가 더 강합니다. '달인'의 정의는 〈논어〉에 잘 나와 있습니다. 공자는 유명인과 달인의 차이를 논하면서 유명인은 '널리 이름을 떨쳤지만 알려진 만큼 훌륭하지 못한 사람'을 뜻하고, 달인은 '알려진 것과 삶이 일치하는 사람'을 가리킨다고 설명했습니다. 유명하지만 평범한 위인이 있고, 평범하지만 위대한 삶을 살아가는 사람이 있다는 뜻인데, 신 이사장은 후자로 보아야 할 것입니다.

이제 그의 삶을 『금화의 노래』로 묶어 소개하고자 합니다. 나이 든 이라면 생의 곡절과 이를 극복하고자 흘린 그의 피땀에 감동할 것이고, 젊은이들은 그의 삶에서 살아갈 날에 대한 교훈을 얻을 수 있을 것이라 확신합니다. 소박하지만 위대한 인생에 박수를 보냅니다.

| 차례 |

4 • | 머리말 | 도전의 연속인 삶
8 • | 추천사 | (사)한국문인협회 부이사장 **장호병**
12 • | 추천사 | 미국 글로벌대학교 총장 **박태문** 박사
14 • | 추천사 | 미국 커넬대학교 이사장 **김화영** 박사
16 • | 추천사 | 대구 한국일보 대표이사 **유명상**

 마흔, 두 번째 스무 살

26 • 큰사람
30 • 청춘의 자화상
35 • 내게 찾아온 봄날
42 • 오뚝 오뚝, 오뚝이
46 • 팀빌딩
49 • 텃밭의 주인이 된 아이들
52 • 마흔, 두 번째 스무 살을 시작하다
55 • 교육! 복지를 완성하다
59 • 100세 시대 요양원
62 • 어느 남자의 하루
65 • 이상은 높게 현실은 낮게
68 • 숲이 우거지면 새가 날아든다
73 • 하얀 마음

II 두 번째 막의 설렘

- 78 • 두 번째 막의 설렘
- 81 • 돌봄은 비용이 아니라 지속 가능한 사회를 위한 투자
- 85 • 생각을 담는 길
- 89 • 산이 선생이다
- 93 • 행복도 전염된다
- 96 • 교육 융합의 시대
- 99 • 사문진에서
- 103 • 금잔화 꽃밭을 일구며
- 106 • 커넬대학교와의 필연
- 109 • 화양연화
- 113 • 독도 탐방
- 116 • 승자 효과

III 원석과 보석의 만남

- 120 · 원석과 보석의 만남
- 123 · 즐거운 일탈
- 127 · 700만 불의 사나이
- 130 · 새들의 인사
- 134 · 이순의 부록
- 137 · 꿈이 있어 하는 일을 멈출 수 없다
- 142 · 늦깎이 박사
- 146 · 시골길
- 149 · 겨울 철새
- 152 · 길

Ⅳ 강아지 꼬리와 고양이 꼬리

156 · 재미
160 · 일이 철학이다
164 · 어떤 가치
167 · 강아지 꼬리와 고양이 꼬리
170 · 운무
173 · 자연치유-생태 힐링
177 · 다시 들리는 새소리
180 · 전염병이 남기고 간 것
183 · 후진기어와 전진기어
186 · 음력과 양력

PX 방위병

- 190 • 물소리
- 193 • 꿈이 있는 자유
- 197 • 마음을 놓아 본다
- 200 • 상수가 금추
- 203 • 장맛비
- 206 • 고춧잎
- 208 • 진밭골
- 211 • PX 방위병
- 215 • 회복탄력성
- 218 • 라떼, 나 때!

VI 내 편

222 • 무궁화꽃이 피었습니다
225 • 용기
229 • 내 편
233 • 낭만의 계절
235 • 여유로운 아침
239 • 낯선 즐거움
243 • 무소뿔
246 • 내일이 있으니
250 • 솜털처럼 가벼웠던 노동의 갑옷
254 • 희망

I

마흔, 두 번째 스무 살

큰 사람
청춘의 자화상
내게 찾아온 봄날
오뚝 오뚝, 오뚝이
팀빌딩
텃밭의 주인이 된 아이들
마흔, 두 번째 스무 살을 시작하다
교육! 복지를 완성하다
100세 시대 요양원
어느 남자의 하루
이상은 높게 현실은 낮게
숲이 우거지면 새가 날아든다
하얀 마음

큰사람

큰 소망이 큰사람을 만들고, 노력한 만큼 큰사람이 된다. 부모들은 희망과 꿈을 심어주기 위해 자녀를 대도시에 보내면 훌륭한 사람으로 성장할 것이라고 믿는 것 같다. 조부모님의 뜻으로 인해 아버지가 계신 부산에 가서 살게 되었다.

도시에서의 생활은 적응하기가 매우 어려웠다. 영덕군 강구면 금호1동 오십천 시골의 정취가 아른거렸고, 조부모님의 따뜻함이 그리워 밥도 못 먹고 잠도 잘 수 없었다. 이렇게 영덕 금호와 부산을 몇 번 왔다 갔다 하다 보니 우여곡절 끝에 도시에 적응할 수 있었다.

시골 생활은 모두가 행복했고 활기찼다. 노부부 두 분만 지내시다가 손자가 돌아오면서 일상이 더욱 활발해졌고, 나 역시 시골 생활이 좋았다.

시골에는 집마다 소 한 마리씩은 다 있었는데 그 소를 돌보는 일은 아이들 차지였다. 소를 몰고 산에 가서 소뿔에 소 이까리*를 감아 밟히지 않게 한 다음 풀어놓으면 저들끼리 풀을 뜯어 먹었다. 그러면 멀찌감치에서 지켜보며 감자나 고구마를 구워 먹으며 실컷 놀다가 서산에 노을이 질 때쯤 소를 몰고 집으로 돌아왔다.

마을 뒤 금호 민봉산이라는 산등성이가 마을 아이들이 주로 가는 곳이었다. 이른바 악동들의 본부인 셈이었다. 소를 앞세우고, 감자가 들어있어 불룩불룩한 주머니를 움켜잡고 쫄래쫄래 뒤를 따라다녔다. 그럴 때면 누구의 노래인지도 모르는, 우리를 모이게 하는 이상한 노래를 부르곤 했다. 그 노래는 어른들이 부르는 유행가인 것 같기도 했는데 아이들이 부르는 노래도 섞여 있었다. 노래를 부르는 도중에 킥킥하며 웃음을 터트릴 때도 있었는데 아마 누구를 놀리거나 비꼬는 내용이 들어가 있었던 것 같다. '빼쪽한 지게 뿔다구 하늘을 공구코 날마다 숫돌에 낫을 갈아서 금호에 민봉에 똥 끼운다 바람났네….' 시간이 많이 흘러도 기억이 또렷하다.

장날이 되면 신이 났다. 십리 길을 걸어서 강구장江口場에 가면 구경거리 먹거리가 지천이었다. 어물전에는 각양각색의 생선이 많이 있었다. 어떤 식당에는 벽에다 커다랗게 붉은 게를 그려 놓고 있었다. "우와!" 신기해하며 몇 번이나 올려다보았다. 이를 보신 할아버지가 설명해 주셨다. "영덕 대게는 말이다. 크다고 하여 '큰 대大'를 써서 '대게'라고도 하지만 다리가 대나무를 닮았다 하여 '대[竹]게'라고 해." 그 말씀을 귓등으로 흘리며 그 대게가 먹고 싶어 침을 삼키곤 했다.

할아버지와 함께 손수레에 감자 세 가마니를 싣고 내가 운전하고 뒤에서 할아버지 할머니가 밀며 가서 팔아 소다빵도 사 먹고 벙어리장갑을 사기도 했다. 좋아서 까불거리며 오다 그만, 한 짝을 잃어버렸다. 그리고 나서 할머니께 저녁 내내 잔소리를 듣고 잔뜩 풀이 죽어 의기소침했었다. 그러면 할머니는 다음 날 장에 가서 새 벙어리장갑을 사다 주셨다. 할머니는 또 잃어버릴까 봐 두 짝을 줄로 이어 목에 걸고 다니게 하셨다.

　동네 사람들은 내 처지를 알고 잘 대해 주었다. 집 앞을 지나칠라치면 마당으로 불러 삶은 감자도 주고 감이나 복숭아도 나누어 주었다. 할아버지 할머니도 엄마 없이 크는 게 측은했던지 무엇이든 다 해 주려고 하셨다. 영덕 생활에 그런대로 적응하며 잘 지냈다. 동네 형들과 친구들과도 스스럼없이 어울려 오십천 냇가에서 은어도 잡고 곧잘 쏘다니곤 했다. 하지만 왠지 마음 한구석이 늘 텅 비어 있었다. 해 질 무렵 수평선에 붉은빛이 감돌다가 이내 어두워지면 갑자기 어머니가 그리워지곤 했다. 그럴 때면 모래사장을 내달리며 설움을 쏟아내었다.

　철이 들기도 전에 뼛속까지 그립다는 게 어떤 것인지 알게 되었다. 가끔 동네 어른들이 어머니 얘기를 해주었다. "너거 엄마 진짜 착한 사람이데이. 예의도 바르고 얼굴도 참 참했제. 니를 배 속에 넣고 남편도 없는 타지에 와서 마이 고생했제. 시부모 봉양도 극

진히 하고, 밭일도 도맡아 했제, 그런 사람 없지러. 나중에 크거든 엄마 꼭 찾아래이." 그럴 때마다 대답 대신 찝찌름한 눈물을 삼키곤 하였다.

영덕 강구초등학교 5학년 때였다. 할머니가 부산으로 가라고 하셨다.

"이제 애비가 있는 부산으로 가거라."

"싫어요. 할아버지 할머니와 살래요."

"안 된다."

"큰 곳에서 큰사람이 돼야 한다."

더는 부산과 영덕을 오갈 수 없었다. 할아버지가 워낙 단호하셨기 때문이다. 장래를 생각해 큰 도시에서 공부하길 원하셨다. 초등학교 졸업할 때까지 할머니 집에 머물고 싶다고 울면서 애원했지만, 할머니는 단호하셨다. 할머니와 할아버지는 손자가 훌륭한 사람으로 자라기를 간절히 바랐다.

큰 소망을 이루는 과정에는 희망과 꿈을 심을 수 있는 밭이 있어야 하고, 노력해서 가꾸어야 할 뿐만 아니라 그 밭에 따뜻함과 포근함도 담고 있어야 한다는 것을 안다. "큰사람이 돼래이." 그 말씀을 뒤로하고 부산행 버스를 탔다. 긴 세월이 흘렀는데도 그 말이 등 뒤에서 들리는 듯하다. 이순耳順을 훌쩍 지난 지금도 조부모님의 따뜻한 사랑은 정녕 잊을 수 없다.

＊소고삐의 경상도 방언

청춘의 자화상

　오랜 시간이 지나도 잊히지 않는 장면이 있다. 누구나 며칠 전 일은 잊어버리곤 해도 특정한 장면은 몇십 년 전의 일이라도 죽을 때까지 기억하기 마련이다.
　세계적으로 유명한 그림도 처음부터 찬란할 수는 없다. 게다가 유작은 처음부터 명화로 기대하기는 더 어렵다. 도화지에 그린 그림도 그러한데 하물며 인생 도화지는 오죽하랴. 내 젊음의 뒷 이래에도 아픔과 고통이 있다.
　아직도 선명하게 떠오르는 장면이 있다. 섬유공장에서 일하던 시절이었다. 어두컴컴한 공장에서 경사經絲와 위사緯絲*가 한 가닥씩 엮여가는 장면을 보면서 인생도 이런 것이 아닐까 하는 생각이 들었다. 실이 얽히고설켜 복잡해 보이지만 규칙과 시스템이 있는 한 정상적으로 돌아가는 공장 현장을 바라보며 내 청춘의 자화상을 생각해 보았다. 때로 그 풍경 속에서 정교한 기계들이 움직이며 내는 소리와 특유의 원단 냄새는 경이롭기까지 했다.

한 올의 실만 끊어져도 베틀은 멈춰버린다. 그럴 때마다 그 찰나의 순간을 놓치지 않고 끊어진 실을 빠르게 연결해야 하는 긴장의 연속이었다. 내 청춘의 시계도 아슬아슬한 줄타기를 하며 돌아가고 있었다. 한편으로는 어려운 역경을 온몸으로 막아내는 기쁨이 있었고, 한편으로는 고통과 아픔을 한 걸음 한 걸음 이겨내며 인생을 오르는 보람도 있었다. 치열한 청춘과 성장의 자화상이었다.

모처럼 비번**이었다. 기숙사에서 잠자던 중에 내 인생의 진로를 결정하게 되는 특별한 꿈을 꿨다. 아름다운 꽃이 가득 피어 있는 유치원 뜰이 나타났다. 티 없이 맑고 밝은 아이들이 있었는데 나는 아이들을 가르치는 교사였다. 나의 모든 동작은 춤추듯 했다. 참 행복했다. 그 꿈을 깬 뒤에도 여운이 남아 한동안 일어날 수 없었다. 초등학교 졸업이 배움의 전부였기에 배우지 못한 한이 가슴 한곳에 자리 잡고 있다가 무의식으로 표출이 된 것이리라.

지금의 '늘푸른유치원'은 절절했던 나의 꿈이 현실로 실현된 것이다. 강렬했던 꿈의 장면은 내내 그림자처럼 나를 따라다녔다. 점점 현실에 동화되어 실제로 가까운 곳 어디에 그런 유치원이 존재한다는 착각마저 들었다. 그날 이후 미래를 상상하는 노트에는 유치원의 모습이 구체화한 형태로 그려지기 시작했다. 심지어 건물은 어떤 모양이고 마당에 심을 꽃을 위시해서 놀이기구에 이르기까지 건축가가 설계한 것처럼 자세한 형상의 유치원이 자리 잡기 시작했다.

그러던 어느 날이었다. 우연히 라디오 프로에서 독일의 한 유치원에 대해 들었다. 나중에 알고 보니 독일의 유아교육학자 프리드리히 프뢰벨Friedrich Fröbel의 '어린이들이 숫자나 글자가 아닌 자연 속에서 뛰어놀게 하라.'는 교육사상에 따라 운영되는 유치원이었다. 이러한 철학을 바탕으로 한 독일의 숲유치원은 건물 내에서 수업하기보다는 건물 밖으로 나가 자연 속에서 흙이나 나무와 꽃 등과 어울려 놀며 인간 본성을 그대로 지켜나가게 한다는 교육방식이 요체였다.

순간 막연하게 상상하던 미래의 유치원 모습이 명확해졌다. 이때부터 내 상상 노트 속의 유치원은 좀 더 구체적으로 그려지기 시작했다. 섬유공장 기사 일이 아무리 힘들어도 이 노트만 펼치면 행복했다. 세상 부러운 것이 없었다. 고운 선생님들이 티 없이 천진한 아이들과 유치원 옆 자연학습장인 뒷밭에서 옥수수를 꺾는 모습으로 구체화되기 시작했다. 교사와 아이들과 학부모가 함께 토론하는 광경을 비롯해 함께 현장학습 가는 모습 등 행복하고 이상적인 유치원이 내 노트에 차곡차곡 쌓여가고 있었다. 마치 직조 공장에서 씨실과 날실이 교차하며 한 올 한 올 엮여 한 필의 천이 직조되듯이 말이다. 그렇게 육신의 고통과 높은 이상이 쉬지 않고 날개를 펼치며 비상하면서 꿈속에서 그리던 유치원은 점점 현실로 다가왔다.

날이 저물면

해 저문 들녘
드문드문 굴뚝 연기 피어오르고
산그늘 짙게 내려앉으면
문득문득 어릴 적 고향이 생각나지

눈물 보따리 틀어쥐고
노을 따라 도시로 내달린
내 청춘의 버스 역

밀물과 썰물, 수평선 붙잡고
내 꼭 성공하리라
오열로 다짐했던 그리운 고향

한 올의 실처럼 교차하던 낮과 밤
기계 소리 요란하던 섬유공장의 야간 잔업
결코 잊지 못하지

이따금 공장 빈 마당에 달빛 내려오면
내 꿈이 바동하던 신장의 아름다운 무늬

저 고향 들녘에 핀 들꽃처럼
세상 향해 내 꽃 하나
붉게 피우리라, 노래했지

* 경사는 날실이라 하고, 옷감을 짤 때 세로방향에 놓인 실을 말한다.
 위사는 씨실이라 하고, 옷감을 짤 때 가로 방향에 놓인 실을 말한다.
** 비번非番은 직역하면 자신의 순서가 아니라는 뜻이다.

내게 찾아온 봄날

　대전 선화동 MBC방송국 앞에서 어머니를 기다렸다. 손목에 차고 있는 시계를 연신 들여다보지만, 일각여삼추一刻如三秋같이 시간이 느리게 갔다. 이날이 오기까지 그간의 기구했던 사연들이 파노라마처럼 스쳐 지나갔다.
　"너거 큰고모가 니 어머니를 대전에서 봤다 카더라."
　이 기적 같은 소리는 입대를 위해 고향 영덕 금호에 신체검사 받으러 가서 오촌 막내 아재에게 들었다. 한달음에 달려가고 싶어 다시 휴가를 냈다. 당시 서도산업에 입사한 지 3년 정도 됐을 때라 회사에도 정착했고 돈도 저축하고 있어 조금은 자신감이 생긴 때였다. 당장 휴가를 내고 대전으로 갔다.
　오촌 큰고모를 만나 어머니를 어디서 봤는지 물었지만, 선화동 목욕탕에서 만났는데 연락처를 알려주지 않아 모른다고 했다. 그래도 "군대 가기 전에 꼭 엄마를 만나고 싶습니다."라는 간절한 말에 큰고모도 고민하는 것 같았다. "할아버지 살아계실 때 일러준

논산 노성에 있는 외가 동네에 가보자. 거기 가면 무슨 소식을 들을 수도 있지 않겠나." 그렇게 큰고모와 택시를 대절해 논산으로 향했다. 논산에서 노성으로 들어가는 신작로가 낯이 익었다. 어릴 적 기억이 어렴풋이 되살아났다. 노성읍에 가서 외할아버지 성함을 대고 물으니 다행히 아는 사람이 있었다.

외할아버지 집에는 다른 사람이 살고 있었고 바로 뒷집에 이모가 아직 살고 있었다. 이모 댁의 문을 두드리니 밖으로 나온 이모는 나를 얼른 알아보지 못했다. "저 경용이입니다."라고 인사를 하자 화들짝 놀라며 큰고모와 나를 부엌으로 데리고 갔다. 얼핏 방문 앞을 살피니 여자 구두가 한 켤레 놓여 있었다. 손님이 있는 모양이었다.

"여기 잠깐만 기다려라. 손님 가고 나면 부를게." 나의 등을 떠밀어 부엌으로 밀어 넣었다. 이모가 왜 나를 반갑게 반기지 못하고 당황하는지 이해가 되지 않아 어리둥절했다. '방 안의 손님이 대체 누구이기에 그러실까.' 아마도 나와 마주칠까 봐 당황하는 것 같았다.

실망감에 어두운 기색을 감추지 못하고 서성이는데 이모가 나직이 자초지종을 귀띔해 줬다. 실은 어머니가 재가해 얻은 의붓딸이 수녀원에 들어가기 전에 인사차 방문했다는 것이다. 그렇게 부뚜막에 멍하니 걸터앉아 얼마나 기다렸을까. 어두컴컴한 부엌문이 열렸다. 여드름이 난 얼굴에다가 눈에는 다래끼까지 나 엉망인 내 모습을 이모는 걱정과 불안을 담은 눈으로 이리저리 살펴보셨다.

 방에 있던 예비 수녀가 가고 난 후에 이모는 우리를 방으로 불렀다. 하지만 어쩐지 선뜻 반기는 표정이 아니었다. 오랜만에 재회한 조카에게 건네는 인사말이 지나가는 말을 툭 던지듯 "그동안 어떻게 지냈는고?"가 전부였다.

 "부산에서 살다가 지금은 대구에서 직장생활하고 있습니다."
"그렇구나."라고 건성으로 대답하면서도 여전히 내 행색을 찬찬히 훑으며 검문하듯 말했다. 살가운 표정은 찾을 수 없었고 먼 친척을 의례적으로 대하듯 하는 분위기에 말하기가 조심스러워졌다.

 "혼자 고생 많이 했지? 엄마 원망도 많이 했을 테고…." 그제서야 이모의 의중을 알 것 같았다. 혹여나 내가 어머니를 많이 원망하고 있지는 않은지 경계하고 있었다. 갑자기 눈가가 뜨거워지면서 고초를 겪었던 지난 세월 서러움이 물밀듯 터져 나왔다. 나는 앞이 보이지 않을 정도로 뜨거운 눈물을 쏟아내며 울부짖었다.

 큰고모가 나서서 분위기를 바꾸려 했다. "군대 가기 전에 엄마 꼭 한번 보고 싶다 캐서 데리고 왔습니다. 직장생활도 성실하게 하고 돈도 착실하게 모으고 열심히 살고 있습니더." 그제야 이모는 경계를 풀고 같이 눈시울을 붉혔다. "그래, 그렇겠지. 얼마나 보고 싶었겠니?" 그러면서 어머니의 한 많은 세월에 대해 말씀하는 것으로 말문을 열었다.

 "너의 엄마, 화병으로 살았어. 죽은 목숨처럼 살았어." 이모는 자기 언니인 내 어머니 생각에 눈물을 삼키며 겨우 말을 이어갔다. "너 빼앗기고 난 뒤에 네 엄마 화병 났다. 매일 가슴에 얼음 수건을 얹고 잤어. 너무 억울하고 분해서 그냥 두고 볼 수가 없더라. 저러다간 사람 죽겠더라고. 네 엄마 살려야지 싶어 내가 중매했다." 그렇게 이모를 통해 어머니의 고통의 세월을 들을 수 있었다. 얘기를 듣고 보니 어머니도 나만큼이나 서러운 통한의 세월을 사신 것 같았다. 한시라도 빨리 어머니가 보고 싶었다.

어머니를 만나기 위해 이모와 큰고모 그리고 나를 포함한 셋이 대전으로 다시 갔다. 아버지에게는 이런 사실을 비밀로 하기로 하고 큰고모는 먼저 집으로 돌아가셨다. 그리고 이모와 나는 선화동 MBC방송국 앞에서 어머니를 기다렸다. 언젠가는 반드시 이런 날이 오리라고 생각하면서 기다려 온 순간인데도 마음은 예상외로 남남했나.

신문에 사람 찾는 광고를 내고 벽보를 붙이는 등 온갖 노력을 해서라도 어머니를 찾고야 말겠다고 다짐해 왔었다. 그러기 위해선 돈을 많이 벌어야 한다는 일념으로 살았다. 어머니를 찾는 데 많은 어려움을 겪어야 한다고 생각했는데 갑자기 모든 일이 거짓말처럼 착착 풀리는 게 신기하기까지 했다. 그런데도 담담한 나 자신이 놀라울 정도로 이상했다.

겨울이 지나면 봄이 오듯 당연히 만나야 할 사람을 자연스럽게 만나는 듯이 마음이 평온하고 고요했다. 어머니는 의붓딸이 수녀원으로 들어가기 전 이웃들에게 대접하기 위해 음식을 장만하던 차림 그대로 나오셨다. 15년 만에 보는데도 낯설지 않았다. "이웃집에 말했으니 그곳에 가서 잠시 쉬고 있어라. 잔치 끝내고 갈게." 이모와 그 집에 가서 지친 몸을 누이고 눈을 붙이려고 해봤다. 그러나 잠은 오지 않고 머리가 오히려 맑아졌다. 그런데 신기한 것은 오랫동안 지고 다니던 무거운 짐을 내려놓은 것같이 홀가분했다.

어머니는 황급히 일을 마무리하고 그새 내복까지 한 벌 사 들고 찾아오셨다. "어여, 입어봐라. 따뜻할 거다." 아마도 어머니 눈에는 내가 추워 보였던 모양이었다. 하기야 혼자 자취하며 살 때니까 입성이 초라하기 짝이 없었으리라. 하필이면 그때 눈에 종기까지 나 있어 행색이 말이 아니었을 것이다.

부산의 새어머니와 살 때 몸과 마음을 감쌌던 냉기에다가 공장의 차가운 다다미방 냉기까지 겹겹이 감싸고 있었을 테니 오죽이나 추레한 모습으로 비쳤을까. 내복을 입으면서 어릴 적 어머니의 따뜻한 등이 떠올랐다.

지금껏 세상은 나에게 인색했다. 손쉽게 주어지는 것은 아무것도 없었다. 100만큼 노력해야 겨우 10 정도가 주어졌다. '사주팔자가 나쁘다면 나 같은 경우가 아닐까.'라는 생각을 수없이 했었다. 게다가 어머니의 부재로 인해 세상의 모든 따뜻한 것들로부터 철저히 소외당했다고 생각했다. 그날 어머니가 건넨 내복은 따뜻한 세상으로 건너가는 다리였다. 새 가족들 몰래 만나는 터라 같이 잘 수는 없고 밤이 늦도록 지나온 얘기를 하다가 어머니는 당신의 집으로 돌아갔다.

다음 날 날이 새자마자 어머니는 반찬이며 옷이며 한 보따리를 들고 오셨다. 대뜸 돈도 내놓으셨다. 그러면서 "무조건 다 써라. 아끼지 말고." 하셨다. 100만 원이었다. 당시, 서도산업에서 받는 봉급이 12만 원이었으니 실로 어마어마하게 큰돈이었다. 누구한테 대가 없이 돈을 받아 본 것이 처음이라 어안이 벙벙했다. 행여 대구까지 가다가 돈을 잃어버릴까 봐 품속에 전대처럼 두르고 그 위에 옷을 몇 겹이나 껴입었다.

회사에서 신체검사 받는다고 휴가를 냈기 때문에 오래 머물 시간이 없었다. 어머니도 가족들 눈치를 봐야 해서 자주 연락하고 만나기로 약속하고 서둘러 대구로 내려왔다. 구름 위에 누워 둥둥 떠가는 기분이 이런 것일까. 갑자기 세상이 내게 호의적인 손을 내민 것처럼 힘이 나고 든든했다.

나중에 어머니에게 "먹고 노는 데 다 썼다."고 말했지만, 대구에 오자마자 '현대잠재능력개발원'이라는 성격개조학원에 등록부터 했다. 가정환경 탓인지 사람들 앞에 선뜻 나서지도 못하고 마음에 있는 말을 조리 있게 하지 못해 늘 고민하던 참이었다. 사회성 좋고 붙임성 있는 사람들이 부러웠다. 어두운 내면의 세계에 갇혀 자신과의 고독한 싸움을 하던 내게 전성일 원장의 강의는 새로운 세계로 인도하는 선지자였다. 몸이 파김치가 되어도 결코 수업에 빠지지 않았다. 자신감에 찬 멋진 청년이 되어가는 과정을 어머니에게 보여주고 싶었다.

  일을 해도 신이 났다. 동료들과 우정클럽이라는 모임을 만들고 리더를 맡아 학원에서 배운 것을 실행해 나갔다.

  살다 보면 누구나 새로운 길 앞에서 선택의 고민에 빠지게 된다. 돈에 집착하면서도 어머니가 주신 큰돈을 과감하게 성격 개조와 스피치 능력 개발에 투자한 것은 돌이켜 볼 때 현명한 선택이라 생각된다. 그렇게 어머니를 만나면서 내 생애 봄날은 시작되었다.

오뚝 오뚝, 오뚝이

　미래에 설립할 유치원 운영에 도움이 되리라는 생각에서, 두 아이가 가지고 놀던 장난감이나 교과서, 기타 놀이기구를 하나도 버리지 않고 보관해 두었다. 시간이 지날수록 유치원 설립의 목표가 점점 실현되는 것 같았다. 사회학을 전공한 아내도 유치원을 운영하기 위해 유아교육과에 재입학했다. 그러나 운명은 때로는 우리에게 가혹한 시험을 내린다.
　효성여대 사회학과를 졸업한 아내가 유아교육학과에 다시 입학하여 겨우 1학년을 마칠 무렵인 1993년, 번창하던 회사가 갑작스레 부도를 맞았다.
　모든 것이 무너지는 순간, 처음에는 그 어느 때보다도 힘들게 느껴졌다. 하지만 그 어려움을 슬기롭게 받아들이고 새로운 도전의 길을 찾기로 했다. 그렇게 결심하자 부도가 내 삶의 중요한 터닝포인트turning point로 여겨지기 시작했다. 게다가 내게는 강한 의지가 있었고, 꿈과 목표를 포기하지 않고 어려움을 이겨내며 성장하려는 희망이 있었다.

　사실, 부도의 아픔보다 더 힘들었던 것은 꿈을 접어야 할지도 모른다는 두려움이었다. 물론 포기할 수 없었다. 시간이 조금 더 필요할 뿐이라고 스스로 위로하며 하나하나 정리해 나갔다.

　부도로 안은 부채는 다시 일해서 갚기로 하고, 1995년 한보실업(주)이라는 무역회사를 다시 설립, 운영하며 1996년 법정관리에 들어간 '논노그룹'과 거래를 시작했다.

　그런데 또다시 부도를 맞았다. 법정관리 중이라 안전할 줄로만 믿었던 논노가 다시 부도를 맞은 탓이었다.

　넘어질 듯 비틀거리다가 '여봐란듯이' 일어설 것 같았는데 다시 휘청거리며 자빠질 일이 생긴 것이다. 다시 오뚝이처럼 일어나야 하는데 일어설 중심추가 보이지 않았다. "빈털터리 맨주먹에 인생길 가다가 실패해도 칠전팔기 정신이라 어화둥둥 내 인생아~" 노랫가락이 점점 멀어져 갔다.

　갚아야 할 원사原絲 값은 눈덩이처럼 불어났고 직원들의 임금도 제때 주지 못했다. "아 여기까지구나. 이제 정말 끝이구나."라는 생각이 엄습하면서 처음으로 '포기'라는 단어를 떠올렸다. 부도 이후 평범한 사람들이라면 무덤에 갈 때까지도 경험하지 못했을 쓰디쓴 고난을 겪어야 했다. 어지간한 고통에는 이골이 났지만 그런 아픔과 눈물은 아무것도 아니었다. 부도 이후 흘렸던 눈물은 진한 피였다. 이러한 극한 상황에서 아내는 처가에서 잠시 살면서도 나의 학비를 꼬박꼬박 마련해 주어 무사히 졸업할 수 있었다.

　그해 말 누구도 피해 가기 어려웠던 IMF가 덮쳤다. 이때 행운이 찾아왔다. 벼랑 끝에 매달려 있는 처지에 구원의 밧줄이 내려온 것이다. 당시 1달러에 900원이던 환율이 1,800원까지 치솟았다. 그때 마침 일본에서 급한 물량 주문을 받은 것이다. 속으로 '그래! 죽으라는 법은 없어. 환율이 도와주어 같은 일을 하고도 두 배를 버는 거야.'라며 쾌재를 불렀다.

　주문량을 적기에 생산해 내기 위해 날밤을 꼬박 새우기가 일쑤였다. 일본에서 주문은 계속되었다. 물론 그 이면에는 원화 하락과 엔화 강세라는 이유가 깔려있었다. 일본 바이어buyer 입장에서는 같은 돈을 가지고 상대적으로 더 많은 물량을 확보할 수 있었는데, 이는 우리 경제의 취약한 구조 때문으로 결코 바람직한 것이 아니었다. 그렇지만 우리 입장으로는 더할 수 없이 좋은 기회였다. 이런 기회는 그리 오래가지 않을 것이 분명했으므로 온갖 힘을 다해 급한 오더order를 모두 소화해 내야 했다. 공장에서 숙식을 해결해 가면서 납기를 맞춰나갔다. 지독했던 경제 한파가 조금씩 누그러지면서 요동치던 경제계에 숨통이 트이기 시작했다. 주문이 갈수록 늘어나면서 회사는 점점 정상의 모습을 찾아가고 있었다.

　2000년, 꿈에 그리던 유치원을 화원 명곡에 건립하게 되었다. 그동안 오가며 눈여겨봐 두었던 부지에 첫 삽을 뜨던 날은 남몰래 찔끔찔끔 눈물을 흘렸다.

오뚝오뚝 서는 동안 감격만이 아니라 아픔도 있었다. 목표를 향해 달리다 보면 어쩔 수 없이 따르는 희생이지만, 여기에 오기까지 숨도 제대로 못 쉴 만큼 바빴던 지난날을 돌아볼 때 가장 미안한 것이 가족이다. 특히 두 아이와 제대로 된 시간을 보내지 못한 게 가장 아쉽다.

한 살 터울인데도 큰아이는 작은아이에게 아비 노릇 어미 노릇을 톡톡히 했다. 한번은 공장 사택에서 생활할 때인데, 작은아이가 아프다는 연락이 왔다. 아내는 학교에 갔고 다섯 살과 네 살 된 아이들만 집에 있었다. 황급히 집에 도착하니 작은아이는 끙끙 앓으며 누워있었고, 다섯 살 된 큰아이가 바가지에 물을 떠다 놓고 고사리 같은 손으로 수건을 적셔서 동생 머리에 얹어주고 있었다. 눈물이 핑 돌았다. 아이들에 얽힌 가슴 아픈 일은 수도 없이 많다. 그랬던 아이들이 장가가고 시집가서 어른이 되었는데, 지금도 두 아이를 보면 그때의 아렸던 감정이 되살아나곤 한다.

팀빌딩

 드디어 꿈에 그리던 유치원을 개원하던 날, 사람들이 방문해서 진심으로 축하해 주었다. 과분한 축하를 받고 감사의 마음을 전하기 위해 S 유치원을 방문했다. 원장은 유치원 운영에 관해 조언을 아끼지 않았다. 무엇보다 시범유치원을 운영하는 게 발전의 지름길이라고 말했다. 그 또한 시범사업은 어려웠지만, 교사들의 실력이 향상됐다고 말했다.
 원장님의 조언에 귀가 번쩍 띄었다. 우리 유치원에도 팀빌딩이 필요했다. 좋은 팀워크로 향상함으로써 직원들과 더 나은 관계를 유지할 수 있고 생소한 업무에 대한 불신을 무너뜨릴 수 있다. 또한, 팀워크를 통해 개인의 장점이 드러나기 때문에 팀이 최선의 계획을 세우고 최선의 목표를 달성하는 데 기여할 수도 있었다.
 유치원 교육은 선생님의 역량이 최우선이라고 믿기에 빨리 시작하고 싶었다. 독특한 주제를 선정해 교육청 지도하에 함께 공부하고, 유치원을 열고, 공개수업을 통해 정보를 공유하는 방식이 바람직하다고 생각되어 시범운영을 꼭 해보고 싶었다. 게다가 이번 기회를 통해 유치원 환경도 개선될 수 있겠다는 생각이 들었다. 팀빌딩을 강력히 추진하기 위해서는 교사들의 동의가 필요했다. 교사 회의를 통해서 뜻을 물었더니 결과는 부정적이었다.

개원하고 얼마 지나지 않아 시범유치원을 운영하기엔 시간뿐 아니라 무엇보다 축적된 데이터가 부족했다. 이런 환경의 신설 유치원에 누가 선뜻 아이들을 맡기겠는가? 게다가 교사들의 야간 근무나 퇴근 문제 등 시범운영 과정에서 발생할 수 있는 문제점도 적지 않았다. 그렇다고 포기할 수는 없었다. 그래서 선생님들에게 "이보다 훨씬 더 어려운 일도 믿음과 도전으로 이루었습니다." "할 수 있다는 자신감을 느끼고 도전해 봅시다."라는 말을 앞세우며 설득하기 시작했다.

교육적인 문제는 공 교수를 초빙해 도움을 받기로 하고, 교사들이 늦게 퇴근할 때 택시를 제공하며, 운영과정에서 야기되는 제반 문제는 유치원에서 책임진다고 선생님들에게 약속하며 시범유치원 준비를 차근차근 추진했다.

유치원 밖에서도 시끄러웠다. 겨우 설립 2년 차에 겁 없이 시범유치원을 시작한다면서 여기저기에서 우려의 목소리가 끊임없이 들려왔다. 하지만 누가 뭐라고 하든 시범유치원은 반드시 넘어야 할 산이고 과제였다. 결국, 이상적인 유치원을 만드는 것이 설립 취지였기에 좌우고면左右顧眄 하지 않고 사업을 하면서 경영을 한 노하우만 믿고 무모할 정도로 과감하게 추진해 나갔다.

'어린 시절 생활 습관 형성'이라는 주제로 다도실과 예절실을 꾸몄다. 시범운영 준비가 진행되면서 교사들의 발전 모습이 눈에 띨 정도였다. 서로 의견을 교환하고, 문제점을 파악하고, 시행착오를 거쳐 밤늦게까지 연구를 진행했다.

개원 후 첫 프로젝트인 까닭에 경영자로서의 역량을 발휘할 수 있는 절호의 기회이기도 했다. 교사들을 격려하고 매사에 모범을 보이려 노력하며 무엇이든 지원을 아끼지 않았다. 그 결과 2002년 10월 드디어 시범유치원이 일반에 공개되어 교육관계자들로부터 호평을 받았다. 그동안 불가능하다며 부정적인 눈으로 지켜보던 유치원 관계자와 지인들은 놀라워하며 격려와 박수를 보냈다.

회사를 운영하면서 습득한 나름의 노하우를 유치원 운영에 활용했다. 활기찬 교육장 조성, 교사의 자질 향상을 위한 선진교육을 위해 원아와 교사 그리고 학부모가 함께하는 삼위일체 교육을 겨냥했다. 이러한 철학을 바탕으로 유치원만 지으면 된다는 생각에 그치지 않고 계속해서 새로운 목표를 향해 도전하며 발전을 꾀했다.

원장, 교사와 함께한 팀빌딩은 자연 친화적이고 건강한 유치원 환경을 조성하고, 학부모, 직원들과 편안하게 소통하는 기회가 되어 아이들이 건강하게 자라는 데 큰 도움이 되었다.

텃밭의 주인이 된 아이들

 누구나 마음속으로 이상향을 꿈꾼다. 그러나 그 꿈을 이루기는 매우 어렵다. 그러나 우리는 그 목표를 위해 가장 좋고 완벽한 방향으로 가기 위해서 실행에 옮겨야 한다. 그곳으로 가는 배를 타야 한다. 그러나 배는 상상만으로 움직이지 않는다. 배에 올라타 힘껏 노를 저어야 한다.

 나는 어두운 직물공장 구석구석을 돌아다니며 상상의 노트에 유치원을 그렸다. 그림 속 아이들이 자연과 함께 꿈을 꾸는 자연 속의 정원이었다. 그런 이상적인 유치원을 만들기 위해 산과 들이 어우러지는 곳을 샅샅이 찾아다녔다. 마침내 찾은 곳은, 옥포의 산 아래 밭이었다. '늘푸른자연학습장' 팻말을 부푼 마음으로 걸었다.

 자연 친화적 교육으로 자유와 영성 회복에 목표를 둔 발도로프 Waldorf의 교육 이론처럼 교사와 학생과 학부모의 유대를 강화하고자 원아 모집 기간에 텃밭 분양을 홍보하고 현장을 보여주었다.

자연학습장을 통해서 소중한 추억을 많이 만들기를 바랐다. 주말에도 가족과 함께 나들이 나와 직접 가꾼 채소로 음식도 해 먹으며 아이들의 정서 발달에 도움을 주려는 의도였다. 그러나 유치원 실정에 대해 너무 몰랐던 탓에 공들여 작업한 것을 대폭 수정해야만 했다.

자연과 함께한다는 취지는 좋았지만, 산에는 뱀이나 벌레를 비롯해 낙석 같은 위험 요소가 도사리고 있었다. 또한, 이동 시간을 줄이려면 차가 원활하게 드나들 수 있어야 하는데 경치는 좋았지만, 교통이 불편했다. 게다가 화장실과 식수 문제도 난제였다. 그렇다고 학부모들과의 첫 약속을 저버릴 수 없었다. 차선책으로 떠오른 대안이 운영하는 섬유공장 앞마당에 두 번째 텃밭을 조성하는 것이었다. 700평의 땅에 좋은 흙과 거름을 넣어 밭을 만들고 약속대로 희망하는 가속에게 분양하였다.

텃밭에 가족의 팻말을 만들어 붙이고 열심히 일구는 모습을 보며 행복과 보람을 느꼈다. 공장 앞마당이라 주말이면 여러 가족이 찾을 거라는 생각에 공장 주변 환경도 소홀히 할 수 없었다. 큰 나무를 심어 그늘을 만들고 수도와 화장실 시설 등을 갖추었다.

매일 새벽마다 텃밭으로 달려가 풀도 뽑고 물도 주고, 바빠서 텃밭을 가꾸지 못하는 학부모 역할을 대신하기도 했다. 자신들의 텃밭을 내 일처럼 가꾸는 모습을 본 학부모들은 퇴근하면서 들르기도 하고 주말이면 아이들을 비롯한 이웃과 어울려 찾아왔다. 상추나 쑥갓을 비롯해 고추 따위를 따서 단란하게 식사하는 모습을 보는 것이 큰 행복이었다. 학부모들과 끈끈한 인연이 생겨 학부모 다도 교실, 김장하기, 가을 축제 등 재미있는 행사가 점점 늘어났다. 이런 자연학습장을 조성하기까지는 어릴 적 순수한 꿈이 있었기에 가능했다.

열과 성을 다해 일궈낸 꿈의 동산에서 아이들이 자연과 어울려 뛰어놀며 생명을 존중하고 서로를 배려하며 성장할 수 있는 기틀이 되는 유치원을 만드는 기쁨은 무엇과도 바꿀 수 없는 보람이었다.

꿈의 동산, 유치원을 건립한 가장 큰 목표는 아이들이 주인이 되어 행복한 미소를 짓는 것이었기 때문에 그 보람은 이루 말할 수 없었다.

이상향은 유토피아이다. 즉, 살기 좋은 곳이라는 뜻이다. 누군가가 이 세상을 더 살기 좋은 곳으로 만들기 위해 계속 노력하지 않는 한, 우리는 살기 힘든 곳에서 살 수밖에 없을 것이다. 나는 자연 친화적인 환경에서 아이들이 자유롭게 뛰어놀고 꿈을 펼칠 수 있는 공간을 만들기 위해 힘껏 달려왔고 지금도 가고 있다. 그리고 지금 아이들이 텃밭의 주인이 되었다. 이 아이들이 머지않아 이 나라의 건강한 지도자가 될 것으로 기대한다. 그렇기에 나는 이 보람찬 나날들을 즐기고 있다.

마흔, 두 번째 스무 살을 시작하다

캠퍼스에 가면 대학생이 된 기분이 든다고 하는데 학부모가 된 나이에 여기 왔을 때 사뭇 느낌이 달랐다. 40대 후반이 훨씬 지나서야 새내기 입학생으로 들어온 나는 대학 건물이 마치 궁전처럼 지어져 있는 것 같았고, 건물에 들어서면 궁전으로 들어가는 듯한 느낌이 들었다. 정문에서 강의실로 이어지는 길은 마치 궁내를 산책하는 듯한 느낌이 들었다.

니에게 소중한 선물처럼 주어졌던 40대의 멋진 두 번째 스무 살 시절을 되돌아보고 싶다.

소중한 소원을 이룰 시간이다. 마흔 중반에 접어들었기에 젊다고는 할 수 없었다. 그래도 공부를 다시 시작하기에 딱 적기라고 생각되었다. 삶이 바빴지만 단 하루도 포기한 적이 없었다. 대학을 가기 위해서 그리고 꿈을 이루기 위해서 굳게 마음을 다잡고 검정고시학원에 등록하고 공부를 시작했다.

삼십 년 넘게 잊고 살던 공부를 하려니 여간 고역이 아니었다.

이것을 배우면 저것을 잊어버리고, 책을 펼치기 무섭게 잠이 쏟아지기 일쑤였다. 특히 수학과 영어의 진도를 따라갈 수 없었다. 특단의 조치로 학원 옆 빈 사무실을 얻어 개인레슨까지 받기도 했다. 사업이 번창하고 할 일이 많았음에도 불구하고 대부분 시간을 공부에 몰두했다.

중학교 과정을 4개월 만에 합격하고 고등학교 과정도 바로 합격했다. 이듬해 47세에 계명대학교 사회복지학과에 입학했다. 이 날의 기쁨을 잊을 수 없다. '내가 대학생이라니!' 마치 장원급제한 기분이었다. 아니, 그것보다 더 행복했다.

대학에 진학하면서부터 가시처럼 목에 걸렸던 공부에 대한 콤플렉스가 자연스럽게 사라졌다. 40대 중반에 다시 청춘이 돌아왔다. 다시 20대가 되었다. 같은 학과 학생들과 함께 밥도 먹고, 카페와 생맥주집도 가고, 자식 또래들과 즐겁게 지냈다. 학과 학생들의 식비와 음료비는 모두 내 몫이었지만 신이 났다. 지각 공부에 벌금이 매겨진 셈이다. 돈을 쓰면서도 이렇게 즐거운 경험은 그때 처음으로 체험했다. 그 무렵 유치원 원장으로 일하고 있던 아내도 대학원에 진학해 교육학 석사과정을 밟고 있었고, 두 아이도 대학생이어서 우리 가족 넷이 모두 공부하던 시절이었다.

사회복지를 공부하면서 우리나라 사회복지 현황을 자세히 알게 되었다. 사회복지가 나아갈 방향에 대해 새로운 시각을 갖게 되었다. 아울러 고령화 사회로의 진입에 대한 심각성도 깨닫게 되었다. 이 점이 사회복지학 중에 노인복지 분야를 전공하게 된 계기가 되었다. 왠지 노인복지에 누군가가 참여해야 한다면 내가 해야겠다는 생각이 들었다.

고령화 사회로 접어들면서 노인복지의 개념과 방향이 사회 전반의 분위기에 따라 변화하게 될 것이다. 다양한 정책이 도입되고, 그 정책의 성공 여부가 시험대에 오를 것이다. 노인복지에 꼭 참여하고 싶었다. 공부의 방향이 정해지자 내 특유의 열정이 용광로처럼 뿜어져 나왔다.

강의실에서 쏟아지는 잠을 이기지 못해 공부가 미비한 날이면, 집에 돌아와 새벽까지 책을 읽었다. 아무리 읽어도 이해가 안 되는 문장이라도 몇십 차례 반복해서 읽고 나면 막연하게나마 감이 잡혔다. 살면서 내 특기는 '맨땅에 헤딩하기'였다. 일단 목표가 생기면 물불 가리지 않고 미련하다고 할 정도로 앞만 보고 내달렸다. 이런 성격 때문에 마흔이 넘어서 어렵사리 시작한 공부를 아들 또래의 학우들과 어울려 원 없이 하게 되었다.

마흔에는 어른의 역할만으로 책임감에 눌릴 줄만 알았는데, 마흔에 새내기의 기쁨과 도전의 자유를 얻게 되었다. 다시 누린 청춘, 다시 얻은 기회로 나는 전진하고 있었다.

교육! 복지를 완성하다

오늘은 비원노인복지관에서 '9933행복대학' 졸업식이 있었다. 졸업식은 단순히 학위를 받는 것 이상의 의미를 지니고 있다. 노년이라도 새출발이라는 희망의 상징성이 있기 때문이다. 집에서는 여느 할머니 할아버지일 뿐이다. 그런데 복지관 강당에서 학사복을 입고 학사모를 쓴 어르신들의 모습은 영락없는 젊은 대학생들로 감동 그 자체였다.

졸업식장은 웃음꽃으로 가득했다. 2년의 과정을 마치는 졸업생, 1년을 마치고 심화반으로 진급하는 상급생, 올해 입학한 신입생 모두에게 경의를 표하며 그들의 성취에 축하와 응원의 박수를 보내는 소리가 식장에 가득 울려 퍼졌다. 나 또한, 그분들의 성취와 노고에 감동했다. 교육 복지를 시작할 때 의아해하던 사람들, 미심쩍어하던 사람들, 걱정과 염려를 보내던 의심의 눈초리를 의식했기에 더욱 열과 성을 기울였던 것 같다. 함께한 복지관 직원들이 무척 고맙고 졸업한 어르신들이 존경스러울 따름이다.

나이가 들어도 배우고 성장할 수 있다는 것을 증명해 준 어르신들이 내 마음을 따뜻하게 만들었다. 결코, 적지 않은 연세에 새로운 도전을 하면서 노년의 삶을 즐기는 여유와 용기를 보여주었다. '9933행복대학'의 졸업식은 우리 복지 종사자에게 시사時事하는 바가 많다. 연세나 상황과 관계없이 꿈을 꿀 수 있고, 삶을 즐기며 자신을 발전시켜 나갈 수 있음을 실증적으로 보여준 알토란 같은 결실이 분명하다. 이 같은 실증을 통해 우리는 배움과 학습엔 끝이 없으며, 그 중요성을 깨닫는 계기가 되었다.

비원노인복지관의 '9933행복대학'은 어르신들이 노년을 살아가는 하나의 해답뿐만 아니라 우리가 어떻게 복지를 펼쳐나가야 하는지에 대한 해법을 제시하고 있다. 이 과정을 기획하고 총괄해 온 입장에서 판단할 때 새로운 방향과 향후의 대응 방안에 대한 확신을 깨우쳤다는 값신 교훈을 얻있나. 교육 복지에 영감을 얻었으며, 더욱 선진화된 복지를 지향할 방법과 길을 알게 되었다. 더 나은 운명을 위해 더더욱 노력할 계획이다.

신중년 대학인 '9933행복대학'의 취지는 '30대의 건강으로 99세까지 3번 산다는 의미로서 인생 2막과 3막을 젊음으로 살아간다는 의미'이다. 그래서 입학과 동시에 본인의 나이에서 15세를 빼고 시작한다. 예를 들어 70이면 55세로 시작하고 80이면 65세로 출발하는 것이다.

'9933행복대학'에 입학하면 입학생들이 깨닫게 되는 것이 있다.

그것은 어떻게 하면 생의 두 번째와 세 번째 삶을 젊게 살아갈 수 있는지를 배운다는 것이다. 이 대학은 건강하고 행복한 삶의 비밀을 알려주는 곳이기 때문에 입학과 동시에 생을 새롭게 시작할 수 있는 기회가 주어진다. 졸업생들의 변한 모습을 보면서 그 가치를 또 한 번 느꼈다. '9933행복대학'에 입학하면 '젊음을 다시 느낄 수 있다는 게 바로 이런 것이구나.'라는 느낌을 직접 체험할 수 있으리라.

고령화가 가속화되면서 전 세계적으로 100세 시대를 맞고 있다. 노인 복지는 매우 중요한 사회적 과제로 대두되고 있다. 100세 시대를 맞이한 우리 사회도 교육의 선진화를 통해 노인 복지를 지향할 때다. 초고령 사회에서 노인들이 건강하고 행복하게 생활할 수 있도록 교육을 통한 복지 서비스는 필수적으로 고려되어야 할 필수 항목이다.

이러한 노력들은 노인들이 삶의 주인으로서 자주적이면서 적극적으로 참여하는 것을 전제로 하는 방향으로 추진되어야 한다. 이를 위해서는 교육이 노인 복지의 핵심 요소로 인식되고, 이를 통해 노년의 삶의 기술과 지식을 증진하는 노력이 필요하다고 생각된다.

노인들에게는 평생학습의 기회가 꼭 필요하다. 최근 디지털 기술의 발달로 인해 정보 접근이 더욱 용이해졌을지라도 아직은 이에 대해 노인에겐 이해도와 활용능력이 부족한 경우가 많기 때문이다. 따라서 정부와 지역사회는 노인들을 대상으로 디지털 프로그램과 스마트폰이나 태블릿 등을 활용한 교육 프로그램을 제공해야 한다.

뿐만 아니라 노인들의 건강관리에 대한 교육 또한 빠질 수 없다. 예방 의료와 건강한 생활 습관에 대한 교육을 통해 건강한 노후 생활을 도모할 수 있기 때문이다. 아울러 심리적 지원과 사회적 활동을 통한 정신적 안정을 증진하는 프로그램도 함께 제공되어야 한다. 또 노인들의 즐겁고 여유로운 생활을 위해서 노인복지관 환경 개선도 매우 중요하다. 이 같은 맥락에서 노인 친화적인 시설과 환경을 조성함과 동시에 지역사회와의 연계를 강화하는 다양한 프로그램 운영도 요구된다.

100세 시대에는 노인 복지를 선진화하기 위해 교육이 핵심 역할을 수행해야 한다. 교육을 통해 건강한 노후 생활을 위한 다양한 지원으로 노인 인구에게 더 나은 미래를 제공해야 한다.

100세 시대 요양원

100세 시대를 맞이하면서 우리 사회에서 노인 돌봄의 질 문제가 제기되고 있다. 이제까지 단순한 돌봄의 차원에서 머물던 것을 큰 틀에서 모두가 원하는 존엄하고 행복한 돌봄의 목표를 지향하고 있다. 그럼에도 현재 돌봄 노동자에 대한 인식과 존중은 지난날과 비교해서 별로 달라진 게 없다. 이는 앞으로 대대적으로 강력한 변화가 요청되는 사회복지 분야의 숙제이다.

얼마 전 큰 명절 추석에 이어 개천절이 있었다. 또, 곧이어 한글날을 맞아 모든 시민이 마음껏 즐기고 휴식할 수 있도록 정부에서 조치했다. 하지만 휴일을 쉬지 못하고 일해야 하는 법의 사각지대 사람들도 있다. 예를 들면 아침부터 저녁까지 어르신들을 돌보아야 하는 노인요양원 직원들이 그런 부류이다. 요양원이 노인들의 마지막 안식처가 되면서 노인복지시설 근로자들은 쉬는 날도 없이 1년 내내 교대 근무를 해왔다. 노인들에게는 24시간 돌봄이 필요하기 때문이다.

최근 우리 사회는 노인을 위한 '존엄 케어'와 '행복 케어'가 복지의 최우선 과제로 떠오르고 있다. 모든 인간은 유년기부터 노년기까지 나이를 불문하고 누구나 행복하고 존엄해야 한다. 특히, 노인 문제에 있어서 '존엄 케어' 복지에 대한 지대한 관심을 기울이는 한편 강력한 변화를 추진해야 한다. 물론 현재도 노인 복지문제는 시대적 과제로서 다양한 대응을 하기 때문에 계속해서 발전하고 변화하고 있다. 국가적으로 노인복지의 타당성과 효율성 제고가 필요하다는 공감대가 형성되어 많은 개선과 획기적인 변화를 맞고 있다. 그럼에도 불구하고 요양원에서 이런저런 문제가 지속해서 발생하고 있고, 문제가 근절되려면 요원한 면이 존재하고 있는 것도 사실이라 부끄러운 우리 사회 자화상의 단면이다.

  부모에게는 자녀가 전부다. 나이가 들수록 자녀에 대한 애착이 더욱 강해진다. 요양원에 있는 노인들도 마찬가지다. 심지어 치매를 앓으면서도 자녀들이 오는 환청을 듣거나 환각에 빠지기도 한다. 요양원의 노인들은 자식들의 어릴 적의 사진을 가져와 보물 1호로 챙기는데 빛이 바랠 때까지 쓸고 닦는다. 밤마다 펼쳐놓는다.

  우리 사회에서 노인들이 평안한 삶을 영위할 수 있도록 하는 것은 젊은 세대에게 주어진 도덕적 혹은 윤리적 의무이자 책임이다. 건강하고 행복하게 노년을 보낼 수 있는 환경을 만들어야 한다. 요양원은 이러한 목표를 달성하는 기관으로 매우 효과적이다.

요양원은 전문적인 의료 및 간호 서비스를 제공함으로써 노인들의 건강과 복지를 증진하고 있다. 의료진의 전문적인 진료와 치료는 노인들의 건강을 지키고 질병의 예방과 치료에 도움을 준다. 또, 요양원에서는 노인들의 심리적 안정과 삶의 질 향상을 위한 다양한 프로그램을 통해 노인들의 활동을 지원하고 서로간의 친목을 도모하고 있다.

아들과 딸이 있어도 가정에서 온전한 보살핌이 필요한 부모를 돌보기에는 제반 환경이 턱없이 부족하다. 요양원은 노인들이 혼자가 아닌 함께할 수 있는 공간을 제공하여 가족들의 부담을 덜어준다. 또 노인들에게는 소중한 친구들과 함께 풍요로운 노후를 보낼 수 있는 기회를 제공한다. 이처럼 요양원은 노인들의 사회통합과 효율적인 복지를 제공하는 데 핵심적인 역할을 담당하고 있다.

노인복지에 대한 새로운 시각과 접근이 필요하다. 노인들의 행복과 복지를 위해 함께 노력해야 할 뿐만 아니라, 우리 사회도 돌봄 노동의 존엄성을 보장하기 위한 변화와 노력을 통해 100세 시대에 맞는 진정한 복지사회를 만들어야 한다.

어느 남자의 하루

눈 부신 햇살이 향기를 담뿍 머금고 아파트 베란다로 쏟아져 들어온다. 그의 입에는 환희의 미소가, 눈에는 빛나는 희망이 가득하다. 손에는 얇은 종이 한 장이 들려져 있다. 이는 그가 힘차게 미래를 향해 나아가기 위해 새로운 계획과 소망을 가득 담은 목록이다. 그의 삶은 끝없는 도전과 성장의 여정으로 점철되어 있다.

섬심을 먹은 뒤 카페의 창가에 앉아 차 한 잔으로 감시 망중한을 만끽하고 있다. 그의 눈앞에 열려있는 노트북의 화면에는 그의 활짝 피어날 꿈과 계획들이 가득 담겨 있다. 그는 자신의 미래를 계획하는 데 온 정성을 쏟고 있으며 내면으로는 언제나 새로운 도전을 할 각오가 준비되어 있다.

해가 서서히 지고 있는 공원을 걷고 있다. 아직은 알싸한 바람이 머릿결을 휘날리지만 신선한 공기가 폐부까지 파고들어 삶의 찌꺼기를 씻어내 주는 상큼함이 그렇게 좋을 수 없다. 주변의 자연의 아름다움을 감상하며 차분해지는 마음이 더할 수 없이 행복하다. 어쩌다 한 번씩 찾는 곳이지만 이곳에서 삶을 즐기고, 자연과 조화를 눈여겨 살피는 게 더할 수 없이 흡족하다.

하루를 마감하고 집으로 돌아온다. 집안은 안온한 조명으로 환하게 밝혀져 있다. 편안한 의자에 앉아서 하루 동안의 일들을 되돌아보고 내일을 기대한다. 이제 그는 힘차고 희망이 넘치는 삶을 살아가는 데 한 발짝 더 나아갈 준비가 되어 있다. 무엇보다도 자신의 꿈을 실현하고 미래를 밝게 비춰 나갈 자신이 있다.

인생은 매 순간이 모험의 여정이다. 힘차고 희망이 넘치는 삶을 향한 소망은 마치 너른 바다를 항해하는 배처럼 온갖 역경을 피할 길이 없다. 우리의 삶 역시 갈망하는 목표에 다다르기 위해서는 다양한 시련과 도전에 부딪히게 마련이다. 그러나 그런 난관이나 어려움은 되레 우리를 더욱 강하고 성숙하게 만든다.

인생의 일 막에서는 젊은 날개를 펼치고 하늘을 향해 날아간다. 신념과 용기로 무장하고 새로운 경험을 하면서 자신을 발전시키는 데 전념한다. 여러 형태의 꿈과 소망은 저마다의 목표를 이루기 위해 빛을 내며 앞으로 나가게 만든다. 꿈과 의지가 결연하면 절대로 멈추게 할 수 없다. 꿈을 향해 끝없는 도전은 계속된다.

그리고 생의 두 번째 막이다. 이때는 꿈을 실현하기 위한 노력과 헌신을 쏟는 시기이다. 땀 흘리며 노력하고, 자신의 역량을 키우며 지식을 쌓는다. 마음은 절대적인 희망으로 충만하며 소망은 점점 더 확고한 형태로 자리 잡는다. 절대 포기하지 않고 어떤 어려움이

든 극복해 나간다. 노력과 헌신은 마침내 성공으로 이어진다.

드디어 세 번째 인생의 막에서 삶은 정점을 향해 간다. 힘찬 노력과 희망이 결실을 보며 꿈은 현실이 된다. 성취감과 만족감으로 삶은 의미와 철학으로 채워진다. 그리고 돌아본다. 주변을 더욱 밝고 아름답게 만들고 노력하기 위해서. 성공은 자기 스스로뿐만 아니라 주변 사람들에게도 영감을 준다.

삶은 끝없는 모험의 여정이다. 열정과 희망은 우리를 앞으로 나아가게 만든다. 힘차고 희망이 넘치는 삶을 향해 끝없이 전진하자. 그리고 생에서 어떤 어려움과 시련이 닥치더라도 굳건한 열정과 도전으로 이겨 나가자. 이런 자세와 결기를 바탕으로 성공을 향해 쉼 없이 앞으로 나가자.

이상은 높게 현실은 낮게

　복지재단이 설립되었다. 사회복지학 중에 노인복지를 공부하면서 사회복지재단 운영을 꿈꿨다. 그래서 철저하게 준비했다. 준비해야 할 서류도 많았고, 건물도 튼튼하게 지어야 했다. 마침내 사회복지법인 금화복지재단 간판이 세워졌다.
　사회복지재단 운영은 생각하는 것처럼 만만하지 않았다. 모르는 사람들은 나랏돈으로 운영하는 거라 일반 회사를 경영하는 것보다 위험부담도 적을 뿐 아니라 속 썩일 일도 거의 없다고 생각하여 부러워하기도 한다. 나 역시 오랫동안 회사를 경영해 온 경험이 있어서 재단 운영도 무난하지 않을까 싶었다. 그간에 축적해 온 경영 인프라를 적용하면 될 것 같다는 생각이었다.
　막상 재단 운영을 해보니 산 넘어 산, 그야말로 첩첩산중이었다. 무엇보다 '사회복지법인'이라는 부담감이 컸다. 과연 어떻게 운영할 것인가에 대한 고민이 컸다. 고민의 핵심은 '어떻게 하면 효율적이고 투명하게 운영할 것인가'로 요약되지만 뚜렷한 해법 마련을 위해 밤잠을 설칠 때가 많았다. 이럴 때 늘 외치는 문구가 하나 있다. 그것은 '이상은 높게 현실은 낮게!'이다.

　이는 지금도 나의 생활신조를 대변하는 구호가 되었다. 궁핍하고 고된 어린 시절을 지나 사업가가 되어 회사를 경영하면서 늘 이 구호를 가슴에 품고 살았다. 돈을 많이 버는 것이 목표이긴 하되 돈을 벌어도 바르게 쓰자는 것이 신조다. 헛되이 쓰지 말자는 생각이다. 결국, 이상은 높이 가지되 현실은 근면 검소하게 사는 게 생활철학이 되었다. 물론 꼭 필요한 곳에 적절하게 쓰는 운영의 묘를 발휘해야 함은 두말할 나위도 없다.

　섬유공장 공장장으로 일할 때도 이상을 높게 세워 실천했다. 여자기숙사에서 온수 사용 문제로 매일 전쟁터를 방불케 했다. 당시만 해도 온수가 콸콸 나오는 시설이 아니어서 여공 각자가 연탄불에 물을 데워서 머리를 감고 목욕했다. 아침마다 네 불, 내 불 다투는 모습이 너무나 안쓰러웠다. 꽃 같은 처녀들이 따뜻한 물 한 바가지 때문에 다투는 것은 결국은 공장 운영자의 책임이라는 생각을 했다. 그런 광경을 목도하면서 만일 내가 회사를 운영한다면 기숙사 환경을 최고로 만들겠다고 결심했다. 더운물이 24시간 콸콸 나오는 기숙사를 만드는 것도 그 결심에 포함되어 있었다.

　그 후 회사를 경영하면서 개인적으로는 휴지 한 장도 아끼고, 물 한 바가지도 허투루 버리지 않았다. 양말 한 짝이 구멍 나면 버리지 않고 보관해 두었다가 다른 것과 짝을 맞춰 짝짝이로 신고 다니면서도 직원들의 근무 환경에는 절대로 아끼지 않고 투자했다. 아이들을 키우면서도 '이상은 높게 현실은 낮게'를 주지시켰다. 집이 좀 잘산다고 해서, 아버지가 회사 사장이라고 해서 분에 넘치는 행동을 하면 안 된다고 가르쳤다. 돈을 벌어도 더 높은 이상을 위해서 새로운 꿈을 가져야 하고 그 꿈을 이루기 위해 가치 있게 돈을 써야 한다.

일찍이 법정스님은 "작은 것과 적은 것으로 만족할 줄 알아야 한다(소욕지족少欲知足).″라고 했다. 회사를 경영하다 보면 때로는 내 의지와 상관없이 비즈니스 차원에서 해외에 나가 골프도 치고 분에 넘치는 접대도 할 때가 있었다. 속으로는 다 부질없는 짓이라고 생각해도 현실은 그렇지 않은 경우도 숱했다.

사실 골프도 쳐 보면 무척 재미있다. 푸른 초원을 보며 샷도 날리고, 귀티 나는 식당에 앉아 세상 돌아가는 얘기를 나누다 보면 유쾌하고 즐겁다. 게다가 골치 아픈 현실은 잊고 싶고 여태까지 고생해서 이 정도 이뤘으면 좀 누리고 살아도 되지 않나 싶은 생각이 들기도 한다. 그러나 이런 날이 반복될수록 왠지 마음이 불안하고, 구름 위를 걸으며 둥둥 떠다니는 것 같았다. 그럴 때마다 마음을 다잡으며 "이상은 높게, 현실은 낮게!!"라고 외치곤 했다.

숲이 우거지면 새가 날아든다

  숲이 우거지면 새들이 자연스레 찾아들고, 나뭇가지에는 각양각색의 나뭇잎이 피어나고, 그 안에는 풍성한 생태계가 펼쳐진다. 마치 숲속에서 각종 생명체가 서로 어우러져 함께 번영하는 듯한 풍경이 펼쳐지듯이 말이다.

  이른 아침 재단에 출근해 동산 주변을 산책하다 보니 낭랑한 새소리가 울려 퍼졌다. 위를 올려다보니 한 부리의 새들이 둥시 주위에서 지지기고 있었다. 마음이 푸근해지면서 그간 일상에서 쌓인 스트레스가 단번에 날아갔다. 새들은 울창하게 우거진 나무숲을 찾아들어 안식을 취하게 마련이다. 복지재단 운영도 마찬가지라는 생각이 스쳐 지나갔다.

  복지재단을 설립할 때 제일 중점을 둔 부분이 주위 환경이었다. 요양원은 등급을 받은 어르신들이 입소해야 운영이 되는데 직원들과 같이 주변 경로당이나 마을회관을 일일이 찾아다니며 영업 아닌 영업을 해야 하는 게 현실이다. 막상 그런 현실에 직면하니

심란했다. 이상적인 노인복지를 목표로 했지만, 현실은 이상과는 커다란 괴리가 엄연히 존재했다.

높은 목표 달성을 위해 접근방법을 달리하기로 작정했다. 장기적인 관점에서 당장 입소할 어르신 인원수를 채우는 것이 급선무가 아니라 주변 환경을 아름답게 조성하는 것을 1차 목표로 정했다. 나무가 우거지면 새가 저절로 찾아오듯이 사람 사는 세상에도 원칙을 중시하고 덕목으로 대하면 자연스럽게 사람이 찾아들게 마련이라고 생각했다. 물론 이런 원리는 요양원 운영에서 어르신과 보호자들도 마찬가지라고 생각한다. 결국, 깨끗한 시설에 꽃과 나무가 풍성하게 어우러진 환경이 조성되면 찾는 분들의 발길이 끊이지 않을 것이라는 확신에서 그렇게 추진하기로 용단을 내렸다.

10여 년 전 이곳은 황무지에 가까웠다. 대나무 숲과 가시덤불을 비롯해 잡초가 무성한 채 방치돼 있던 곳이었다. 비록 이런 땅을 샀지만, 아침마다 가슴이 설레었다. 날이 어서 밝기를 기다려 새벽이 되면 톱과 낫을 들고 달려왔다. 하루하루 시간이 지나자 2천 평 황무지가 상전벽해로 탈바꿈했다. 이런 변화는 그동안 내가 불철주야 흘렸던 땀의 결실로서 필설로는 형용하기 힘들다. 나무 한 그루, 돌멩이 하나, 풀 한 포기까지 내 손이 안 간 것이 없다.

고진감래苦盡甘來라 했던가. 내가 마련한 땅에 앞으로 꾸려나갈 사회복지재단 건물을 올린다고 생각하니 날아갈 것 같이 설렜다. 아니 설렌다는 표현으로도 부족하다. 노인들의 마지막 안식처가 되리라는 생각에 그동안 겪었던 어려움을 비롯해 온갖 시름이 봄눈 녹듯이 사라지는 기분이었다.

아침이면 숲을 찾아와 새들이 지저귀고, 꽃들이 화사하게 피는 것도 오랜 시간 정성을 들이고 땀을 흘린 대가였다. 자연의 섭리가 원래 그런 것이 아니던가. 세상 어디에도 당장 열매를 딸 수 있는 것은 없다. 씨를 뿌리고 공을 들이고 시간이 흘러야 열매를 수확할 수 있는 게 어디 자연뿐이랴. 사람 사는 세상도 마찬가지 아닌가. 자식을 키워내는 일도, 직원을 성장시키는 일도 모두 정성과 시간을 요구하는 일이다.

자신이 목표로 하는 큰 그림을 상상하고 그에 합당한 계획을 수립하고 나면 다음은 노력이 따라야 한다. 그렇게 주어진 일 하나하나에 최선을 다하다 보면 어느 순간에 원하는 그림이 완성되어 있음을 발견하게 된다. 그에 힘을 얻어 남은 목표를 강력히 추진할 수 있다.

시대가 많이 바뀌었다. 어렵고 힘겹게 살아왔던 청년 시절을 회상해 보면, 그 시절엔 변변한 일자리만 있어도 행복했다. 좀 큰 회사에 취직하면 대단한 출세라도 한 듯이 으스대며 직장에 대한 애착이나 의리를 대단히 중요하게 여겼다. 그에 비해 요즘의 청년들은 조금이라도 대우가 좋다면 미련 없이 다른 직장으로 옮긴다. 더 나아가서 LTE급으로 변화하는 워라밸work & life balance 세대들은 사생활을 중시하는 까닭에 직장 일에 집중하지 못하는 경우가 흔하다. 그들은 직장을 선택할 때 개인적인 취향이나 추구하는 목표에 준하여 직원의 복지 수준, 근무 일수, 근무 시간 적정성 여부, 직장에서의 행복 지수 높고 낮음 등을 꼼꼼하게 따진다.

그들의 다양한 요구나 특징 때문에 최고경영자들이 고려해야 할 문제가 복잡해진다. 그렇기에 경영자는 남다른 노력이 요구되어 고심할 수밖에 도리가 없다.

이런 경향은 요양원 운영에서도 다를 바가 없다. 어르신들과 보호자들에게 어떻게 만족감을 줄 것인가, 직원들에게는 어떤 희망을 줄 것인가, 시시각각 변화하는 시대에 어떤 마인드로 대응할 것인가 하는 문제로 늘 고심할 수밖에 없다.

맨발로 걸어온 길, 혼자서 걸어온 길, 다시 또 걸으랴. 뚜벅뚜벅 걷는데 숲에서 새들이 재잘재잘 모여 아침 해를 활짝 맞고 있다. '아! 맞아' 새들이 지저귀는 걸 보고 답을 찾았다.

'숲의 마음으로!'

'나무처럼 상생으로!'

'숲이 우거지면 새는 저절로 찾아든다!'

'숲이 우거지면 새가 날아든다!'

나무와 숲처럼 공존의 정신을 키우고 서로 협력하여 울창한 인간의 숲을 만들어야 한다. 서로의 다양성을 인정하고 존중해야만 풍요로운 삶을 누릴 수 있다. 우거진 숲에 생명이 자연스럽게 꽃 피우듯이 공존의 원칙을 따른다면 모두가 원하는 풍성한 결과를 얻을 수 있을 것이다.

  울창한 숲속에서 나무들은 바람에 흔들리더라도 서로를 지탱하며 뿌리를 깊게 내리며 하늘을 향해 높이 자라 아름다운 풍경을 만들어 낸다. 삶도 공존과 상호 배려와 협력을 바탕으로 한다면 풍요로워질 것이다.

  숲이 울창해지면 새들이 저절로 날아들어 함께 즐거운 노래를 부르듯, 상생과 협력을 바탕으로 우리 복지재단은 더욱 번영해 나갈 것이다.

하얀 마음

　가슴에 새겨진 사랑은 잊을 수 없는가 보다. 아득히 지나간 기억을 되돌아보면 슬픔과 설움, 고통을 모두 잊힌 듯하지만 사랑은 여전히 남아 있으니 말이다

　점차 기억을 잃어가고 있는 어르신들의 한 정경이다. "왜 이리 늦노?" 이는 302호 할머니가 해가 질 무렵이면 직장에서 돌아오는 새신랑을 기다리며 혼자 중얼거리는 말이다. 한편, '도시락 챙기래이.'라는 말은 307호 할머니가 아들에게 도시락을 싸주면서 하던 말을 간병인에게 하는 것이다. 이곳 요양원에 계시는 어르신들에게는 감사하게도 한두 가지 사랑의 추억이 남아 있다. 비록 치매에 잡혀도 가슴에 새겨진 사랑은 잊히지 않았다.

　공동생활 가정으로 출발한 요양원이 지금의 모습으로 자리 잡기까지 단계별로 어려움이 있었다. 하지만 지금은 안정된 체계로 운영되고 있다. '돌봄 케어'부터 시작하여 '존엄 케어, 행복 케어'를 향해 꾸준히 시스템을 정비하고 종사자들의 의식 향상을 위한 교

육도 정기적으로 실시하고 있다.

 예전엔 부모를 요양원에 모시는 게 큰 불효라고 생각하던 보호자들의 의식도 많이 변했다. 모두가 직장으로 사업으로 바쁜 생활을 하는데 치매에 걸린 부모님을 집에서 돌보게 되면 서서히 지쳐가면서 가족 간에 불화의 원인이 되기도 한다.

 극단적인 예일지 모르지만 아무도 없는 집에 밖으로 잠긴 문 안쪽인 방에 혼자 남겨진 부모님이 계신다고 상상해 보라. 아무리 자식의 집이라도 좋을 게 하나도 없지 싶다. 이런 유사한 환경에서 부모를 모시면서 언제까지 요양원에 대해 '현대판 고려장'이라든가 '한번 들어가면 살아서 나올 수 없다.'는 등등의 부정적인 말만 되풀이할 것인가. 현재 요양원의 부족한 점이나 문제점들은 더 나은 노인복지 시대를 향한 성장통이 아닐까 싶다.

 말짱하던 부모님이 어느 날 갑자기 치매 증상이 나타나면 자식들은 큰 충격을 받는다. 치매는 배움의 유무, 돈의 많고 적음, 건강 여부를 떠나 누구도 피해갈 수 없음은 물론이고 원인적 치료도 불가능한 질환이다. 기껏해야 착각·성급함·인격 장애 등 초기증상이 나타났을 때 약 복용으로 진행 속도를 늦추는 것뿐이다. 그러므로, 잘 갖춰진 복지시설에서 심신의 안정과 균형 잡힌 영양 공급, 인지 활성화를 위한 다양한 프로그램 등으로 꾸준히 관리하고 보호해 드리는 게 최선이다.

 개인적으로는 '치매癡呆'라는 말을 쓰는 것도 어르신들께 죄송하다. 한자어로 '어리석을 치癡'에 '어리석을 매呆'인데 입에 올리기가 민망하다. 어떤 학자는 '백심증白心症'이라는 용어를 쓰자고 제안한다. 어린아이의 뇌처럼 '하얀 마음'으로 돌아간다는 뜻을 담고 있다.

우리 부모님 세대는 고생을 무척 많이 하신 세대이다. 어르신들은 전쟁과 가난을 온몸으로 겪어내고, 산업화 시대엔 산업 전사로 우리나라를 선진국 문턱에까지 진입시킨 이름 없는 영웅들이다. 사랑받고 존경받아 마땅한 어르신들이 치매라는 질환에 걸렸다고 해서 품위를 지켜드리지 못하는 것은 자손들의 도리가 아니다. 치매는 인격이 아니고 질환이다.

요양원을 운영하면서 최선을 다해 어르신들을 보살펴도 더러는 부족한 점이 있게 마련이다. 그래서 늘 아쉽다. 나는 어르신들을 좋아하는 성격이라서 시간 날 때마다 어르신들과 대화도 나누고 같이 시간을 보내려고 노력한다.

한번은 나무에 거름을 주고 내 방으로 올라가려는데 입소한 지 오래되어 한 번씩 대화를 나누는 어르신이 거실에 앉아 계셨다.

오랜만이다 싶어 인사하고 다가가서 옆에 앉았다. 같이 TV를 보면서 어르신 손을 꼭 잡았다. 구순이 지난 어르신이 갑자기 주위를 살피면서 "사람들이 본다."라고 말씀하셨다. 그래서 옆에 수건으로 마주 잡은 손을 슬쩍 가리면서 "이제 되었지예?"라고 물었다. 그랬더니 "그라믄 진짠 줄 안다."라고 하셨다. 그 할머니의 기억은 꽃다운 청춘인 서른에 멈춰있다. 하지만 그런 상황에서 자신만의 행복을 느끼는 것이다.

　이 순수하고 웃픈 얘기에 지인들은 폭소를 터뜨리면서도 마음 한구석이 짠하게 아리다고 한다.

　치매는 소중한 기억을 잃게 만드는 가장 슬픈 질병일지도 모른다. 그리고 어떤 면에서 치매는 기억을 먹고 사는 질병이라고 할 수도 있다. 그러나 내가 보기에 치매란, 마음에 새겨진 사랑을 품고 따뜻한 손길을 조건 없이 기다리는 마음, 아무것도 쓰지 않은 하얀 종이 같은 마음이다. 삶에서 쌓인 모든 괴로움과 숨 막히는 고통의 순간들을 모두 지워 깨끗한 도화지처럼 순수한 하얀 마음이 되는 것이다.

　백발을 단정하게 손질한 하얀 마음의 어르신에게 순수한 마음으로 나도 모르게 미소를 짓는다.

두 번째 막의 설렘

두 번째 막의 설렘
돌봄은 비용이 아니라 지속 가능한 사회를 위한 투자
생각을 담는 길
산이 선생이다
행복도 전염된다
교육 융합의 시대
사문진에서
금잔화 꽃밭을 일구며
거넬대흑교와의 필연
화양연화
독도 탐방
승자 효과

두 번째 막의 설렘

시를 쓰고 시를 낭송하며 1월을 보내고 있다. 설렘으로 다시 인생 2막을 도전한다.

인생은 연극의 한 편과도 같다. 어떤 순간이든 무대에 서게 되면 그것은 새로운 시작, 인생의 2막이라고 할 수 있다. 요즘 인생의 새로운 단계를 맞이하여 시와 낭송을 배우고 있다. 이 일은 중년의 내 삶을 더욱 품격 있게 만들 것이고, 노년을 맞이하기 위한 일종의 모험이자 도전이다.

말이 서툴고 투박한 내게 시는 언어의 아름다움을 극대화한 예술 중 예술이다. 말로는 표현하지 못하는 숱한 감정, 경험, 생각을 시적인 언어로 표현하게 하고, 그 시를 통해 나의 깊은 내면에 도달할 수 있는 기쁨은 이루 말할 수 없기 때문이다. 시는 마치 마음의 문을 열어 그 안으로 들어가는 것과도 같다. 나는 이러한 시적인 여행을 통해 나 자신을 발견하고, 세상과 더 깊게 소통하고자 하는 욕망을 품고 있다.

낭송은 시의 감정과 의미를 목소리에 담아 전달할 수 있어 더욱 감동적으로 다가온다. 낭송은 마치 내 안의 감정을 외부로 표현하는 다리가 되어주는 것 같다. 낭송을 통해 더 많은 사람과 소통하고 공감할 수 있는 능력을 기르고자 한다.

이 시적인 여정은 나의 삶에 새로운 의미를 부여하고, 품격 있는 삶을 추구하는 데 큰 역할을 할 것이다. 나의 인생은 마치 아름다운 시 한 편처럼 울릴 것이며, 그 속에서 나는 더 나은 자아를 발견하고 성장할 것이다. 품격 높은 인생 노년을 맞이하기 위해서 지금부터 시와 낭송을 통해 내면의 평온과 지혜를 기르고 싶다.

인생의 무대에서 언제나 끊임없이 배우고 성장하는 것이 중요하다는 것을 깨닫는다. 시와 낭송을 통한 나의 이 모험이 그 가능성을 보여주고 있다. 나는 이제 삶을 시적인 표현으로 묘사하는 새로운 삶을 추구하는 여정을 막 시작하고 있다.

인생의 두 번째 막은 예술적인 여정의 시작이다. 시와의 만남을 통해 더 나은 자아를 찾아가고, 삶의 아름다움을 깊이 이해해 나갈 것이다. 이를 통해 깊이 있는 삶을 살아가며 감사한 순간들을 맞이할 것이다.

시 낭송 수업을 마치고 어둡고 조용한 지하철 플랫폼에서 지하철을 기다리고 있다. 지하철이 오고 가는 것을 보면 마치 시간의 터널을 통과하는 것처럼 느껴진다. 무섭게 밀려오는 큰 파도 같았던 노도怒濤의 삶은 이미 지나가고 없지만 험난했던 그 파도 속에 어떤 의미와 가치가 담겨 있었는지 나는 안다. 하지만 미래의 길이 어떻게 펼쳐질지는 아무도 알 수 없다. 나는 앞으로 펼쳐질 모험에 대한 열망을 가볍게 만지작거리고 있다.

강의실에서는 배운 시들이 퍼즐 조각처럼 맞춰진다. 그동안 쌓아온 지식과 경험이 앞으로 나아가는 길에서 나침반이 될 것 같다.

무엇보다, 인생의 의미에 대한 고민이 더욱 나를 풍요롭게 만들고 있다. 지하철이 진동하는 소리와 함께, 우리가 무엇을 위해 존재하는지, 어떤 가치를 추구하며 걸어가야 하는지를 다시 생각한다. 늘 배우고 성장하는 자세를 잃지 않을 것이다.

돌봄은 비용이 아니라 지속 가능한 사회를 위한 투자

매년, 한국의 경제, 사회, 문화 전망을 담은 『트렌드 코리아 Trend Korea』라는 책이 출간되고 있다. 2024년에는 '돌봄'을 둘러싼 새로운 사회·기술적 움직임을 '돌봄 경제'로 명명하고, '돌봄'을 올해 핵심 키워드로 선정했다.

'돌봄 경제'란 초고령화 사회 진입과 지역사회 돌봄 활성화에 따른 노인, 장애인, 아동, 소외계층 등의 돌봄 수요를 충족시키고, 돌봄의 질을 향상하는 과정에서 관련 산업을 육성하는 새로운 경제 트렌드를 의미한다. 보호 대상자와 그 가족의 삶의 질을 향상하는 과정에서 관련 산업을 육성해 일자리와 부가가치를 창출하려는 정책 전략을 말한다.

한국 사회에서 사회복지는 기존의 취약계층에 대한 지원뿐만 아니라 노인 인구의 증가, 1인 가구의 증가, 정신건강 문제의 증가 등으로 인해 더욱더 중요성이 부각되고 있다.

요즘 우리 사회는 날이 갈수록 경제적 불평등이 확대되고 있다.

이러한 상황에서 사회복지의 역할이 더욱 중요해졌다. 저소득층 및 취약계층에 대한 지원은 물론이고 일자리 안정화, 교육기회 보장, 의료 서비스 확대 등을 통해 경제적 불평등의 해소가 필요하다. 이를 통해 모든 시민이 기회의 평등을 누릴 수 있는 사회적 틀을 마련하는 것이 중요하다.

노인 인구가 증가하는 세계적 추세이다. 특히 한국의 노령인구 증가비율이 매우 높다. 2024년 현재 65세 이상 노인 인구가 1,000만 명에 도달하고, 내년 2025년이면 전체 인구 가운데 20%를 노인 인구가 차지하는 초고령사회가 된다고 추정한다. 게다가 한국 노령층의 빈곤율은 OECD 가입국 가운데 1위를 차지한다는 통계도 있다. 이 같은 사회구조의 변화로 인해 노인복지에 대한 관심이 날로 높아지고 있다.

노인 지하철 무임승차 폐지 공약이 연일 핫이슈가 되고 있다. 직자가 문제인지 아니면 효가 문제인지 우리 사회는 누구의 편도 들 수 없는 엉거주춤한 형편이다. 노인복지를 축소해야 할지, 확장해야 하는지에 대한 문제이기 때문이다.

초고령사회가 코앞에 왔다. 노인들의 건강과 행복한 노후를 보장하기 위해서는 노인복지 시스템을 강화하고, 노인들이 사회 참여를 할 기회를 확대해야 한다. 이를 통해 사회 전체가 노인들과 함께 성숙한 사회로 발전할 수 있다.

"돌봄은 비용이 아니라 지속 가능한 사회를 위한 투자"가 되는 시대에 살고 있다. 돌봄은 개인의 차원에서는 '생존'의 문제이며 지역사회 차원에서는 그 지역의 '존속'과도 밀접한 관련이 있다. 돌봄의 대상인 노인에게 제대로 된 돌봄을 제공하지 않았을 때 자연적으로 사망과 이동으로 인구가 줄어드는 위험을 지적하고 있으며 결국 돌봄은 지역사회가 책임져야 한다는 논의로 확장되는 것이다.

  1인 가구가 현재의 한국 사회에서 큰 비중을 차지하고 있다. 최근 통계청 발표에 따르면 우리나라 전체 가구 중 1인 가구 비중이 27%를 넘어섰다고 한다. 이는 4가구 중 1가구 이상이 혼자 사는 집이라는 것이다. 혼자 사는 1인 가구에게 사회적 고립과 심리적 어려움이 야기될 수 있다. 이를 해결하기 위해서는 지역사회를 통한 다양한 지원 시스템을 구축해야 한다. 이웃 간의 소통을 촉진하고, 지역사회 기반의 소그룹mini group 활동을 지원함으로써 혼자 사는 이들에게 지속적인 사회적 연결망을 제공할 수 있어야 한다.

  이와 함께 정신건강에 대한 인식과 관심도 높아지고 있다. OECD 국가 자살률 1위 국가가 우리나라다. 이뿐만이 아니다. 연일 방송에서는 정신 질환이 사회적 물의를 일으키는 사건을 다루고 있다. 사회에 만연되어 있다시피 한 정신건강 문제에 대한 사회복지적 접근이 절실하다. 고립된 환경에서 살아가는 사람들에 대한 사회적 지원이나 정신건강 서비스의 확충이 필요하다. 사회적 연결성을 강화하고, 정신건강에 대한 편견을 없애는 데에도 사회복지가 큰 역할을 해야 한다. 이것이 돌봄 경제의 필요성이다.

돌봄 경제는 앞으로 사회에 중요한 역할을 할 것으로 예상된다. 고령층과 연결된 돌봄 경제가 활성화되면서 국가 경제 발전을 위한 여지가 많아질 것이다. 돌봄 경제는 고령화 시대와 핵가족 시대에 국가 경제 발전에도 긍정적인 영향을 미칠 것이다.

2024년, 우리는 새로운 도전에 직면하면서도 이를 극복하고 지속 가능한 발전을 이루기 위해 사회복지의 중요성을 깊이 이해해야 한다. 모두가 함께 노력하여 불평등을 줄이고 포용적이며 풍요로운 사회를 만들어 나가는 데에 사회복지는 핵심적인 역할을 수행할 것이다.

생각을 담는 길

솔직함이 때로 문제 될 때가 있다. 거두절미하여 전후 사정을 모르는 상황에서 단도직입적으로 누가 하는 말을 전해 들으면 얼마든지 오해의 소지를 불러일으킬 개연성이 있다.

세상사가 참 희한하다. 나름대로 누군가에게 진정으로 말했음에도 불구하고 이럴 땐 참 난감하다. 말을 한 사람 입장은 온데간데없고, 진실성도 호도되고, 여과 반응이 없으면 그럴 수 있다고 생각하지만 아쉬움은 켜켜이 쌓인다. 하기야 다른 사람이 얘기할 때도 앞뒤 맥락 다 자르고 특정한 부분을 들었을 경우 오해할 정도로 말이란 게 섬뜩할 때가 있다. 전후좌우 맥락으로 따지면 별말이 아님에도 말이다. 거두절미하고 자기 편리대로 보고하거나 해석하는 듣기의 방법은 언제나 문제가 불거질 개연성이 따른다.

솔직하고 직설적인 성향의 사람은 어떤 상황에서도 망설임 없이 직설적으로 자신의 의사를 피력하는 것을 즐긴다. 그들은 에둘러 표현하거나 중언부언하는 것을 싫어하기 때문에 그리할 것이다. 하지만 그 같은 방식에는 오해의 소지가 다분히 있다. 일반적으로 누군가가 충분한 설명 없이 솔직 담백하게 직설적으로 요점만 간추려 표현할 때 정직성이나 자신감 표출이라고 보기보다는 무례하다고 생각하는 경우가 꽤 많다. 억울하다고 항변할지 모르지만, 현실에선 그럴 가능성이 매우 높다.

솔직함은 진솔한 인간다운 삶의 단면이다. 그런 까닭에서 그런 본의 아닌 오해가 억울하더라도 참을 수 있어야 한다. 솔직함은 믿음의 가치 중 하나이기 때문에 그것을 절대 포기할 수 없다. 때로는 상처를 받을 수도 있겠지만 그것이 삶의 가치관과 일치하는 한 가끔의 오해는 받아들일 수밖에 없다.

물론 어떨 때는 그럴듯한 이유를 끌어다 붙여 빙빙 돌리거나 고상하게 포장하는 방법이 좋을 수도 있다. 직설적이고 솔직함을 전제로 하는 난도식입석인 표현이 때로는 상황을 곤란히게 민들기도 한다. 그런 태도나 표현은 상대방에게 상처 주는 말로 전달되는 경우도 있겠지만, 그것이 소신이고 원칙에 벗어나지 않는다면 일일이 변명할 필요는 없다. 그렇기에 그런 상황을 수용하며 자신의 진정성을 제대로 전하려는 방법을 모색하면 되는 것이다. 소신이나 솔직함은 때로는 오해를 불러일으키기도 하지만 결국엔 자신을 자신답게 만들어준다. 어떤 어려움이 따라도 자신의 가치관이나 원칙을 지켜야 한다.

보편적으로 솔직함은 가치 있는 덕목이라지만 그렇지 않을 때가 더 많다. 그러므로 때에 따라서 장소와 사람을 가려가며 말을 해야 하고 상황을 고려하여 행동하는 것이 현명할 것이다.

외로움은 마치 망망대해에 홀로 떠 있는 것 같은 느낌이다. 주변에 사람들이 북적대도 외로움을 절감하는 경우가 허다하다. 특히 주위에서 나를 이해하지 못하는 친구, 가족 혹은 연인의 존재는 더더욱 외로움의 심연으로 빠져들게 만든다. 그렇지만 이런 외로움이 때로는 새로운 도약을 위한 묘약이 될 수도 있다. 왜냐하면, 그런 경우 자신과의 대화를 통해 새로운 방향으로 나아가는 길이나 방법을 모색하기도 하기 때문이다.

새로운 각오로 일을 추진한다는 것은 현재 상황에 안주하지 않고 끊임없이 성장하고 발전하려는 의지의 다짐이고 도약을 위한 발상이다. 어떤 일이든 능력과 열정을 다해 이를 바탕으로 최선을 다하고 새로운 가능성을 찾으면 된다.

누구에게 말할 수 없는 답답한 심정을 글을 통해 고백하는 경우가 숱하다. 나는 그런 이유에서 마음을 담아 글을 쓰면서 내면을 곧이곧대로 드러내 그때그때의 감정을 기록으로 남기기도 한다. 그렇게 자신과의 대화를 시작하며 그것을 바탕으로 성찰과 깨달음을 얻기도 한다.

밤새 이런저런 꿈을 꾸며 뒤척이다가 입이 타고 목이 말라 물을 마시기도 한다. 그럴 때면 으레 화장실에 갔다가 다시 누워 잠을 청하지만 저만큼 달아난 녀석은 돌아올 기미도 보이지 않는 세월의 강을 건너고 있다. 가는 세월 때문일까. 요즘 들어 부쩍 더 조심스럽게 마음의 중심을 잡으려고 노력하는데 새로운 도전을 시작했기 때문이지 싶다.

예순을 넘기는 세월은 외로움의 시기이기도 하지만 새로운 각오의 시기가 아닐까. 이런 이유에서 더 넓고 의미 있는 세상에서 한층 승화된 삶을 추구하고 싶다.

삶을 영위하면서 진정으로 자신을 믿어줄 사람은 몇 명이나 될까? 많이 있을 필요는 없을 것 같다. 진정으로 믿고 응원해 주는 몇몇만 있어도 대인 관계를 성공한 행복한 삶이지 싶다. 이런 관점에서 내 삶은 남는 장사를 해온 셈이다. 왜냐하면, 나를 믿어주는 사람들이 주위에 꽤 있는 편이기 때문이다. 그런 믿음 때문인지 우직한 삶을 일관해도 사는 것이 즐겁다.

산이 선생이다

큰 결정을 앞두거나 갈 길이 잘 보이지 않을 때 지리산智異山을 찾는다. 시간이 없을 때는 가까이 있는 비슬산琵瑟山이나 팔공산八公山에 즐겨 오른다. 넉넉하고 여유로워 어머니의 품 같은 지리산은 특별한 힘을 준다. 이런 맥락에서 일찍이 공자孔子가 논어論語의 옹야편雍也篇에서 어진 사람은 산을 좋아하고[仁者樂山], 지혜로운 자는 물을 좋아한다[智者樂水]고 일갈했던가 보다.

등반의 힘든 과정을 인내하고 극복해 가는 과정에서 얻은 정신적 육체적 에너지 축적은 큰 자산이 된다. 극한의 과정을 체험함으로써 학습되는 효과도 쏠쏠하다. 등산은 정상에 도전하면서 인내심을 시험해 보고, 굽이굽이 산길을 올라가면서 복잡한 머릿속을 정리하고, 거칠어진 심성을 가라앉혀 마음의 안정을 찾는 소중한 시간이 된다.

지리산 천왕봉은 해발 1,915m로 힘든 코스다. 빨리 올라갈 수 있는 길은 산청마을과 백무동 두 군데가 있는데 그중에 백무동 코스를 즐겨 탄다. 백무동은 일설에 백 명의 이름난 무당이 이곳에서 태어났다고 하여 백무동이라 이름 붙여졌다고 한다. 그만큼 이곳은 지기地氣가 센 곳이다.

하동바위를 거쳐 장터목으로 올라가는 길을 가야 장터목 산장에서 하룻밤을 자고 천왕봉에서 해돋이를 볼 수 있다. 마음을 비우고 오로지 걷고 또 걷는 외로운 산길은 청정한 공기와 바람 때문인지 마냥 즐겁다. 원래 산행은 끝없는 자신과의 고독한 싸움이다. 이 과정에서 흐르는 땀방울로 몸에 쌓인 노폐물을 걸러내기 때문인지 더할 수 없이 상쾌한 기분마저 들고, 연신 가쁜 숨을 몰아쉬면서도 희열을 만끽한다.

구름다리를 지나면 고지대임에도 불구하고 땅에서 퐁퐁 솟아나는 작은 샘을 만난다. 깊은 계곡에서 솟아난 정갈한 물로 갈증을 해소하고 물통에 채우며 산행 의지를 거듭 다진 뒤에 앞이 탁 트인 암반 위에 자리 잡고 앉았다. 심산유곡에 불어오는 바람은 새로운 에너지와 맑은 정신을 샘솟게 하는 묘한 기운이 있다. 휴식을 취하며 결정해야 할 일이나 갈 길이 과연 정의로운 길인가를 되새겨보기도 했다. 옛 어른들이 견득사의見得思義라고 이르지 않던가. "나에게 이익이 생기면 그것이 정당한 노력의 대가인가를 살피라."고 말이다. 그렇게 생각에 잠겼다가 잠깐이지만 이런저런 교훈을 떠올려 보기도 했다.

흔히들 정상에 오르면 "산을 정복했다."고 말한다. 이 말은 가당찮은 말이라고 여겨진다. 작은 인간이 어떻게 수만 년을 버티고 서

있는 산을 정복할 수 있단 말인가? 그저 넉넉한 산의 품에 안긴 것뿐이라는 생각이다.

산행의 묘미는 바로 태고의 산에서 나 자신을 발견하는 데 있다. 드높은 산등성이에서 발아래 사바세계를 내려다볼라치면 이런저런 상념에 빠지게 마련이다. 이를 통해 내가 여태까지 알고 있는 것이 전부라고 단정했던 일들도 다른 시각에서 바라보게 되고, 가슴속에 꽁꽁 담아 두었던 번뇌도 내려놓을 수 있게 된다.

산은 세상사에 지치고 힘들 때 나를 언제든지 안아주고 달래준다. 간장 종지보다 작은 삶에 함몰되어 아등바등하는 내 모습을 더덜이 없이 비춰주는 투명한 유리 같은 존재이다. 한동안 온갖 생각에 잠겨 나를 되돌아보았더니 한결 가벼워진 몸이 되었다. 산장을 향해 걸음을 서둘렀다.

산장은 예약제로 운영된다. 그래서 예약 못 한 사람은 저녁까지 기다렸다가 예약 손님이 오지 않아 생긴 자리를 배정받을 수 있다. 이곳에서는 처음 만나는 사람들과도 쉽게 친해진다. 아마도 산을 좋아한다는 공통분모를 가지고 있기 때문이 아닐까. 낯선 사람들과의 대화는 내게 예기치 못한 깨달음을 주기도 한다. 타인의 거울을 통해서 자신을 비춰 볼 수 있기 때문이리라.

산장에서 하룻밤을 보내고 이튿날 이른 새벽에 일어나서 정상을 향해 다시 등반을 시작했을 때 고지대의 세찬 바람에 공중으로 날아갈 것 같아 당황하기도 했다. 밤새 기온이 내려가 온몸이 으

스스 떨려 왔다. '그래, 시련은 언제나 닥치는 법!'이 아니던가. 그래도 묵묵히 걸으며 앞으로 나아갔다. 드디어 정상이다. 천왕봉 세 글자가 떡하니 새겨진 비석이 눈에 띄는 순간 고된 등반의 피로감이 한순간에 날아가 버렸다.

3대가 선업善業을 쌓아야 천왕봉 일출을 볼 수 있다고 한다. 힘겹게 찾은 천왕봉 정상에서 비손하는 소원은 꼭 들어줄 것만 같기도 하다. 하늘에는 붉은빛이 점점 타오르더니, 그 사이로 이글거리는 해가 솟아오르기 시작한다. 가슴이 뭉클하면서 탄성이 절로 나왔다. 장엄한 일출을 보고 내려오는 길에 또 한 번 감동했다. 살아서 천 년, 죽어서 천 년을 산다는 주목 군락지의 풍경이 발길을 붙잡았다. 고사목과 살아있는 주목이 어우러져 펼쳐지는 장관은 경이로웠다.

자연은 참으로 위대하다. 아무 말도 하지 않고 묵묵히 제 자리를 지키는 것으로도 인간에게 크나큰 위안과 교훈을 준다. 세상사에 찌든 몸과 마음을 씻어준 뒤 정갈한 상태로 각자 삶의 현장으로 돌아갈 수 있도록 베푼다.

새삼스럽게 '현재의 내 삶이 나에게 어떤 의미가 있으며 어떤 가치관으로 미래를 맞이해야 하는가'라는 문제를 곱씹었다. 그러는 과정에서 조금씩 비우고 내려놓으며 돌아보게 하는 자연의 위대한 품에서 나는 작고 나약한 존재임을 새삼 깨닫는 시간이기도 했다. 지리산에서의 1박 2일은 참으로 은혜로운 시간이었다. 크나큰 화두話頭를 풀어낸 수도승처럼 가벼워진 마음으로 산을 내려왔다.

행복도 전염된다

　웃음이 전염되듯이 행복도 전염된다. 행복은 사회적 관계망 속에서 퍼져나가는 긍정적인 '전염병'이라고 한다. 미국의 유명 대학에서 수행한 '사회적 관계와 행복'에 관한 연구 결과이다. '사회적 거리'가 가까운 사람이 행복을 느끼면 자신도 행복을 느낄 확률이 높다는 것이다. 다시 말하면 자주 만나는 사람이 행복할 경우 자신도 더 자주 행복을 느낀다는 이론이다. 이러한 결과는 행복이 사람들 사이의 상호 연결성과 관련되어 있을 뿐 아니라 전염될 수 있다는 사실을 여실히 보여준다.

　행복은 어떻게 전염되는 것일까. 사람의 감정은 혼자 느끼고 혼자 감내하는 것으로 끝나지 않는다. 행복하면 웃음이 많아지고, 주위 사람들에게 다정하게 표현하며, 하다못해 밥이나 커피를 사는 경우도 많아진다. 이런 표현을 받은 상대방도 기분이 좋아져서 연쇄적으로 좋은 감정을 표현함으로써 행복을 교환한다. '그대가 웃으면 나도 웃습니다.' '아프냐? 나도 아프다.' 이런 광고카피가 어필하는 것을 보면 행복이나 슬픔이 전염되는 건 분명해 보인다. 흔히 말하는 '집단 지성'처럼 '집단 행복'이 엄연히 존재하는 걸 실제 생활에서 체험하곤 한다.

개인의 행복은 오직 개인이 만들고 스스로 소멸시킨다고 생각하기 쉽다. 하지만 관계망이 단절된 상태에서 행복이 저절로 샘솟듯 솟아나는 것은 아닐 것이다. 사람이란 사회적 동물이기 때문에 몸담은 관계망이 긍정적이고 단단할수록 행복을 느낄 확률이 높아지게 마련이다.

복지재단 운영이 안정되고 직원이 늘어나면서 늘 '행복한 직장'에 대해 고심하고 있다. 나는 내 꿈을 이루었기 때문에 매일이 행복하다. 그런데 직원들은 과연 출근길 발걸음이 가볍고 행복할까 아니면 목구멍이 포도청이란 생각에 무거운 발걸음일까. 노인복지에 종사하는 사람들은 육체노동자인 동시에 감정노동자이다. 온종일 인지능력이 부족한 어르신들이나 신체 능력이 저하된 어르신들과 생활하다 보면 심신이 지쳐 팍팍해지기 일쑤다.

직원들이 행복해야 입소 어르신들이 행복하고, 어르신들이 행복해야 보호자들이 안심하고 행복할 수 있다. 이런 인과관계를 생각할 때 행복의 고리를 탄탄하게 엮어 갈 운영의 묘에 대해 깊이 생각하지 않을 수 없다. 데니스 홍Dennis Hong: 미국 UCLA 기계공학과이란 교수가 있다. 로봇을 만드는 과학자이다. 그가 '상상을 현실로 만드는 법'에서 얘기했던 행복에 관한 생각을 옮겨 본다.

"나는 이기적인 사람이다. 죽는 순간까지 나 자신의 행복을 최대로 만들기 위해 살고 싶다. 내가 가장 행복할 때는 나로 인해 다른 사람들이 행복할 때였다. 나의 노력으로 사람들이 웃는 모습을 보는 것이 정말 좋았다. 그것이 내가 로봇을 만드는 이유이다."

그는 다른 사람이 행복해지는 것을 돕고 싶어 로봇을 만들기 시작했으며, 다른 사람들의 행복한 삶을 보는 것이나 웃는 모습을 보는 것을 인생의 목표로 삼는다면 내가 먼저 행복해질 수 있다고 역설한다. 맞는 말이다. 다른 사람의 손을 씻어주면 그의 손보다 자신의 손이 더 먼저 깨끗해지지 않던가! 다른 사람을 돕는 이타심의 혜택은 자신에게 가장 먼저 돌아오게 마련이다.

특히 복지재단을 운영하는 경영자나 종사자들은 '행복의 전염, 행복의 이타심'에 대해 열려 있어야 한다. 좋은 마음으로 연결된 사회적 관계망을 유지하고 나무를 가꾸듯이 행복을 가꾸다보면 행복도 아름답게 전염될 것이다. 행복하게 행복이 피어날 것이다.

교육 융합의 시대

 백세 시대라고 한다. 평균수명이 팔십을 넘고, 건강하게 활동할 수 있는 건강수명 또한 팔십이 넘는 시대라는 얘기다. 이런 시대엔 젊을 때 교육만으로 LTELong Term Evolution급 속도로 변화해 가는 사회에 제대로 적응하기 어렵다. '요람에서 무덤까지', 평생 배우고 변화하고 적응해 가야 하는 평생학습의 시대가 되었다.
 평생교육은 교육이 기존의 공교육에서만 이루어지는 것뿐 아니라 전 생애에 걸쳐 진행됨으로써 개인의 정서적, 인격적 발달에 지속해서 영향을 미친다. 따라서 평생교육은 지식의 전수뿐 아니라 사회영역에서의 모든 교육형식을 포함하며 생애주기에 맞춘 모든 교육을 의미한다.
 평생교육에는 여러 단계가 있다. 우선 열악한 가정환경과 여건 속에서 배움의 끈을 놓아버린 소외계층 청소년들에게 검정고시를 통해 제도권으로 재진입하게 하는 교육을 들 수 있다. 다음으로 현대인들이 실생활에 필요한 지식을 전문적이고 체계적으로 배워

각종 자격증을 취득하여 취업이나 부업으로서의 부가가치를 높이는 자격증 취득 관련 교육 따위를 생각할 수 있다. 또한, 은퇴 후 좀 더 풍요롭고 품격 있는 삶을 영위하기 위해 인문학을 비롯하여 필요한 과목을 선택하여 최고 학습 단계에까지 도달하도록 이끄는 엘리트 교육 등과 같은 학문의 길도 있다.

교육에 관해서 이야기하자면 맹자孟子를 빼놓을 수 없다. 그는 군자에게 세 가지 즐거움이 있음을 설파했다[君子有三樂]. 첫 번째 낙은 부모님이 생존해 계시고 형제들이 무사히 잘 살고 있고[父母俱存 兄弟無故 第一樂], 두 번째 즐거움은 하늘을 우러러 부끄럽지 않고 다른 사람에게 내놓아도 마음이 떳떳한 것이며[仰不愧於天 俯不炸於人 第二樂], 세 번째 낙은 천하의 영재를 모아 교육하는 것[得天下英才而敎育之 第三樂]이라고 천명했다.

여기서 특히 주목할 것은 맹자가 군자의 낙을 논하는 가운데, 세 번째의 낙, 즉 즐거움으로 '교육'을 강조했다는 것이다. 맹자가 역설하는 교육이란 타자에 대한 배려와 관심, 동시에 더불어 사는 삶에 참여하는 것이다. 그 결정적 매체가 '교육'이라고 본 것이다. 세상을 변화시키기 위해서 반드시 교육을 통해 성찰하고 반성하는 삶이 필요하다는 성현들의 이러한 가르침을 눈여겨볼 필요가 있다.

평생교육에 있어 우리 사회에도 강력한 변화의 물결이 요구된다. 교육이 노동시장에 진입하기 위한 준비라는 단순한 개념을 넘어서서, 성인이 자율적인 자기계발을 통해 성숙한 사회의 리더로 거듭 태어날 수 있는 고급과정의 교육이 강력하게 추진되어야 한다.

오늘날의 흐름은 융합이 대세로 교육 분야도 마찬가지이다. 기초적 공교육에다 직장인이나 사회인으로서 얻은 많은 경험적 공부가 융합되어야 한다. 그러한 탄탄한 기반 위에 은퇴 후 인생 이모작에 필요한 교육이 융합되면 더 바랄 나위가 없을 것이다.

정보의 홍수 시대를 사는 지금, 순간순간 필요한 단편적인 지식은 인터넷을 통해 습득하지만, 그런 얄팍하고 단편적인 지식은 위험성을 내포하고 있다. 지식의 습득 과정은 발달 단계별로 차근차근 이루어져야 한다. 아울러 습득한 지식을 꾸준히 실천하고 가꾸어가는 지혜와 경륜 또한 더할 수 없이 중요하다. 이러한 관점에서 볼 때 자신이 이루고자 하는 삶의 목표를 명확히 이해하고 지식과 인격이나 경험을 확장시키는 것이 평생교육의 궁극적 목표이다.

사문진에서

　사문진寺門津* 나루를 보면 상전벽해桑田碧海라는 말이 실감 난다. 사문진은 낙동강 칠백 리 중간 지점으로 고대부터 가야, 삼국시대를 거쳐 현재까지 유구한 역사를 싣고 강물이 흐르고 있다. 예전 사문진 나루는 경상도 관아와 대구지역에 낙동강 하류로부터 유입되는 물산을 공급하고 다른 지역으로의 운송에 중심적 역할을 하는 낙동강 물류 수송의 심장이었다.

　일제강점기에 대구계성학교 출신인 이규환 감독의 영화 '임자 없는 나룻배'가 이 일대에서 촬영되었다. 나운규, 문예봉 등 당시 유명 배우가 출연한 이 영화는 토속성과 저항정신, 목가적인 풍경을 담은 우리 영화사의 걸작으로 남아있다. 이 영화는 당시 민중의 삶을 고스란히 투영하고 있다.

　이곳은 우리나라 최초로 피아노가 들어온 곳이기도 하다. 1900년 3월 26일 미국인 선교사 사이드보탐Richard H. Sidebotham 부부가 낙동강 하구에서 배에 피아노를 싣고 사문진에 왔다. 이 일을 기념하기 위해 달성군 주관으로 해마다 열리고 있는 '100대의 피아노 콘서트'는 품격 높은 문화행사로 명성이 자자하다. 10월의 밤, 강가 무대 위에 100대의 피아노가 놓이고 100명의 피아니스트가 연주하는 광경은 평생 잊지 못할 장관이다.

또 사문진 나루터에는 사문진 주막촌이 만들어져 먹거리가 풍성하고 고령의 강정보까지 배로 관광할 수도 있어 평일에도 인파로 북적인다. 주말이면 가족 단위의 관광객이 찾아 인산인해를 이룬다.

2018년은 사문진과 화원동산에 새로운 한 획을 긋는 한 해였다. 사문진 나루터에서 달성습지 생태학습관까지 잇는 아름다운 데크 로드deck road가 완성되었다. 이 길은 낙동강의 장엄한 물결을 온몸으로 느끼며, 화원동산 하식애河蝕崖를 가까이서 보며 걷는 최적의 산책코스다. 그동안 가까이서 보기 어려웠던 하식애를 바로 코앞에서 관찰할 수 있다. 그곳에는 태고의 시간이 고스란히 남겨져 있어 마치 시간여행을 온 듯하다.

산림유전자보호구역으로 지정된 모감주나무 군락도 볼 수 있다. 6월쯤이면 활짝 핀 꽃이 나무를 온통 덮어 바람에 나부끼는 모습이 참으로 장관이다. 북서풍이 불면 모감주나무꽃이 눈처럼 날리며 주변을 노랗게 색칠한다.

데크 로드의 끝까지 가면 달성습지를 만난다. 달성습지는 낙동강과 금호강, 진천천과 대명천이 합류하는 지역에 형성되었고, 약

60만 5천여 평의 보기 드문 범람형 습지이다. 또 환경부 지정 멸종 위기 야생동물 1급인 수달, 황새, 흰꼬리수리와 2급인 삵, 벌매, 맹꽁이, 물수리, 조롱이, 재두루미, 흰목물떼새 등 약 230여 종의 다양한 생물이 서식하는 생태자원의 보고이다.

  생태 탐방로 중간쯤에서 화원동산으로 올라가는 표지판을 따라가면, '화원정' 현판을 단 정자 한 채가 고즈넉하게 자리하고 있다. 안동댐을 만들 때 도산서원 주변 수몰 지역 정자를 이전한 것이다. 화원정 툇마루에 앉아 잠시 숨을 돌리고 다시 걸음을 떼면 바로 위 상화대賞花臺에 도착한다. 상화토대라고도 부르는 이곳은 신라 경덕왕이 가야산에서 병으로 요양 중인 왕자를 보러 갈 때, 토성을 쌓고 행궁을 두었던 곳이다.

  당시에는 강폭이 지금보다 훨씬 넓었고 자연생태가 더욱 잘 보존되어 경관이 수려했을 것이다. 그 아름다움에 끌려 왕이 아홉 번이나 머물렀다 하여 구라리라는 지명의 유래가 되었다고도 한다. 구라리의 처음 이름은 아홉 구九, 올 래來를 써서 구래리九來里였다고 한다. 최근 달성군에서 펴낸 군정 소식지에 이에 대한 글이 게재되어 있어 읽어보니 경덕왕은 또 다른 이유로 이곳에 아홉 번 왔을 것이라는 의견이 있었는데, 이곳 유역의 들판이 유달리 기름지므로 이 땅을 지키고자 했다는 것이다.

  그 옛날 신라의 왕들이 자기의 땅을 돌아보고 지키기 위해 세운 비석은 북한산과 창녕 등 우리나라 곳곳에 남아 있다. 화원동산에서 가까운 한밭들이나 옥포 앞의 마갯들은 예전에 모두 곡창지대였다. 신라의 왕들은 그 땅을 자주 돌아보고 지킴으로써 식량을 확보하고 자신의 영토임을 확인했다.

지금의 사문진과 화원동산은 문화와 예술이 살아 숨 쉬고, 먹거리, 볼거리, 체험 거리가 풍성하여 문화 관광지로서 손색이 없는 곳으로 가꾸어져 있다. 도심형 수변공원의 대표적인 장소가 되었다. 앞으로 이곳에 생태학습관이 완공되면 어린이들이 생명체의 소리에 귀 기울일 수 있는 산교육장이 되어 미래세대의 교육에 큰 역할을 할 수 있으리라 기대한다.

상화대에서 유유히 흐르는 낙동강 칠백 리를 바람 맞으며 바라보는 풍광은 가히 한 폭의 그림이다. 강 건너에 노을이 지면서, 물아일체物我一體의 경지를 맛본다. 가까이에 이런 곳이 있다는 게 축복이며 행복이다.

* 사문진寺門津 : 사문진이라는 이름에는 다음과 같은 두 가지의 설이 전해지고 있다. 먼저 그 옛날 화원읍 본리리(인흥마을)에 있었던 인흥사仁興寺라는 큰 절로 가는 관문이라는 이유에서 절 사寺 자를 써서 사문진寺門津이라고 불렀다는 설이 있다. 다음으로 강가의 모래가 있어서 모래 사沙 자를 쓰고 포구를 통해서 배가 소금 등을 싣고 들어오고 이 지역의 물건이 다른 지방으로 가는 문이라 해서 사문진沙門津으로 불렸다."는 설이 전해지고 있다.

금잔화 꽃밭을 일구며

　일본 여행 중 상가 밀집 지역 벤치에 앉아 있는데 어디선가 허브herb향이 바람을 타고 날아왔다. 무거운 몸이 가벼워지고 정신이 개운해졌다. 여행의 피로가 일시에 날아가는 듯했다. '아! 우리 요양원에도 허브를 심어야겠다.' 맑고 아름다운 동산으로 만들어야겠다는 결심을 했다.

　로즈마리rosemary는 가격이 비싸 조금만 심어 보았는데 관리도 힘들고 허브 효과가 그리 크지 않았다. 꽃도 예쁘고 향도 있는 품종을 찾다가 금잔화金盞花를 발견하게 되었다. 꽃을 옆에서 보면 금으로 만든 잔盞처럼 생겼다 하여 금잔화라고 부른다. 독특한 향이 있어 주변을 정화하는 효과가 있다. 모기는 물론 그 어떠한 곤충도 달라붙지 않는다. 또 번식력이 좋아 따로 비용이 들지 않는 장점도 있다. 5월부터 7월 말까지 옮겨 심고 3일 정도 물을 잘 주면 뿌리가 안착된다.

　금잔화를 흔히들 메리골드marigold라고도 하는데, 두 꽃은 국화목 국화과로 친척이다. 금잔화는 소화기 계통의 치료와 눈 건강에 탁월한 효능이 있다. 플라보노이드flavonoid는 매우 강력한 항산화제 역할을 하며 염증을 다스려 피부미용에 좋으며, 루테인lutein 함유로 눈 건강을 지키는 데 대표적인 꽃이라고 한다. 나이 들면서 침침해지고 건조해지는 눈을 밝게 하는, 희망을 주는 기특한 꽃이다.

씨 뿌리는 시기를 조절하면 연중 꽃피게 할 수도 있다. 게다가 내한성이 있어 겨울에도 꽃을 볼 수 있다. 한여름부터 서리가 내리기 전까지 한번 피기 시작하면 연속해서 꽃망울을 터트린다. 한편 조금만 어두워져도 꽃잎을 닫고, 아침 햇빛에 꽃잎을 여는 특징을 가지고 있다.

5월부터 여름 내내 금잔화 꽃밭 만들기에 정성을 들였다. 겨울에도 금화농산에 황금색 꽃밭이 펼쳐지는 길 싱싱하면서 새벽같이 달려 나와 열정을 쏟았다. 장마가 오기 전까지 다 옮겨심어야 하는데 올해는 유독 장마가 일찍 끝났다. 폭염 속에서도 뿌리가 무사히 안착할 때까지 하루 2번씩 물을 주고 지속해서 보살펴야 하는 일이 쉽지만은 않다.

동이 틀 무렵 금화동산에 오르면 가슴이 벅차오른다. 나무 하나를 위시해서 꽃 한 송이 피우기까지 들인 노력이 적진 않았지만, 이리도 아름다운 풍경으로 보답해줘 절로 숙연해진다. 무슨 일이든 열정을 가지고 하다 보면, 어느새 꿈이 눈앞에 당도해 있음을 느끼게 된다.

  꽃을 대하는 마음은 정성이다. 한 송이 한 송이 정성 들이지 않으면 작은 햇살이나 지나는 바람에도 시들어버린다. 꽃밭을 가꾸면서 참 많이 생각했다. 해마다 피고 지며 많은 이들에게 기쁨을 주는 꽃밭은 얼마간의 돈으로 해결되는 것이 아니라 심고 가꾸는 사람의 땀과 마음으로 만들어진다는 것을. 결국, 꽃도 사람도 순정한 마음으로 정성을 쏟아야만 아름다운 결을 내주는 것이리라.

커넬대학교와의 필연

　인생의 길에서 종종 예상치 못한 전환점을 맞이하게 된다. 나의 여정도 예외는 아니었다. 사업으로 나날이 바빴고, 유치원과 노인복지로 눈코 뜰 사이 없었다. 게다가 자연보호며 선거관리위원으로 동분서주할 때 뜻밖의 만남을 경험했다.

　학문에 대한 갈망을 느끼던 어느 날, 삶의 의미와 본질에 대한 질문이 마음을 강하게 울리던 그런 시점에서 우연히 선거관리위원으로 함께 봉사하던 덕원이 나를 찾아왔다. 멀찍감치서 그를 바라볼 때는 흠 없는 사람처럼 보여 신뢰하고 있어 의심 없이 만났다. 그러나 그 만남이 얼마나 예측불허의 많은 파장을 불러일으킬지 전혀 짐작도 못 했다.

　그 만남은 모든 것을 쑥대밭으로 만들어 놨다. 이제는 잠잠해졌지만, 그간의 고충은 말로 표현할 수 없을 만큼 몸과 마음을 다쳤다. 새벽 기도도 모르던 내가 100일을 작정하고 교회에 다녔고, 수면제를 먹지 않으면 잠을 청할 수 없는 날이 하루 이틀이 아니었다. '해결해야 할 문제들이라면 차라리 적극적으로 받아들이

자.', '될 때까지 해보자.' 그래 이제부터 우연이 아니라 필연으로 받아들이자.

젊은 시절 학문은 내 영역 밖의 일이었다. 그 높고 고상한 세상은 이번 생에서는 무관한 듯싶었다. 갈구하고 욕심내는 것 자체가 사치라 생각했던 시절의 연속이었기 때문이다.

2017년 가을이었다. 비원노인복지관 운영을 수탁받아 새로운 영역에 도전하느라 정신없이 분주한 나날을 보내고 있을 때였다. 우연한 기회에 같은 단체에 몸담고 지내던 단원이 대구에서 커넬Kernel대학교 수업을 진행한다는 사실을 알았다. 그로부터 뜻밖의 제안을 받았다. 자신이 신학대학 위주로 운영하고 있는 커넬대학교의 이사장이 되지 않겠느냐는 제안이었다. '커넬대학교', 이름도 생소하고 낯설었다.

알아봤더니 커넬대학교는 '진리와 자유'라는 기독교 정신에 바탕을 두고 1986년 미국 캘리포니아에 설립된 학교였다. '커넬'이라는 이름은 〈성경〉에 나오는 '한 알의 밀알'에서 비롯된 것이었다. 한 알의 밀알이 썩지 않고 있으면 밀알 하나뿐이지만 자기를 버려 썩으면 수많은 밀알을 남긴다는 의미를 품고 있었다.

그 이름이 가지고 있는 함의에 고개가 끄덕여졌다. 기독교 정신이라…. 한때 가톨릭에 잠시 머문 적은 있지만, 기독교와는 별 인연이 없었던 터였다. 그런 까닭에 당황스럽고 한편으로는 조심스러웠다. 신중하게 생각해 보마고 얼마간 말미를 얻어 고심에 고심을 거듭했다. 사회복지재단을 운영하는 것만도 만만치 않은 일인데 대학의 문을 덥석 열고 발을 들여놓기가 쉽지 않았다.

주변 지인들도 의아해했다. 복지재단 이사장이 대학에 관여까지 한다니 의심의 눈초리가 따가웠다. 그것도 미션스쿨을…. 성공한 사람의 과욕쯤으로 속단하고 지레 손사래를 치는 지인들이 많았다.

그렇게 몇 날 며칠 밤을 지새우며 고민에 고민을 거듭하다가 무릎을 치며 작정했다. "그래, 나에게 다가오는 또 다른 운명이라면 받아들이자. 못 해낼 일이 어디에 있는가?" 내 인생에 갑자기 끼어든 커넬대학교와의 인연은 이렇게 맺어졌다. 나는 애써 이를 우연 아닌 필연이라고 여겼다. 거부할 수 없을 만큼 강한 매력으로 다가온 제의에 한번 도전해 볼 만하지 않은가?

선택의 갈림길에 섰을 때 돌아서기보다 과감히 도전하는 쪽을 선택해 온 성격내로 새로운 길을 걸어보기로 했다. 종교적 확신은 미미할지라도 신념이 있었다. 여태껏 그래왔듯이 신념이 나의 종교다. 물질적 이해타산이나 명예에 대한 욕심 없이 순수한 열정 하나로 목표를 이뤄내고야 마는 신념을 또 한 번 믿어보기로 했다.

커넬대학교와의 만남이 어떻게 나를 변화시킬지 알지 못한다. 그 두렵고 설레는 길이 온통 꽃길일 것이라고는 생각지 않는다. 돌을 골라내고 흙을 매만져 씨앗 하나부터 심어야 할지도 모른다. 그것조차도 나의 삶이다. 기쁘게 가리라 다짐했다.

화양연화

　인생에 있어서 가장 아름답고 행복한 때와 그 순간을 어떻게 표현할까? 화양연화花樣年華, 꽃 화花, 모양 양樣, 해 년年, 빛날 화華, 고3 학생에게는 원하던 대학에 갔을 때일 수도 있고, 결혼적령기 청년이 사랑하는 배우자와 만났을 때일 수도 있고, 성인은 꿈에 그리던 집을 사서 이사한 때일 수 있다. 나에게 가장 아름다운 시절은 언제였는지? 아니면 아직 아름다운 시절을 기다리는지?
　사업가가 되지 않았으면 무엇이 되었을까? 생각해 볼 때가 더러 있다. 평탄한 집안에서 태어나 정규교육을 받고 안정되게 살았더라면 현재의 길이 아닌 전혀 다른 길을 걷게 되었을지 모르겠다. 혹시 시인이 되지 않았을까.
　파란만장했던 삶의 굽이굽이마다 웬일이지 늘 내 곁엔 시가 있었다. 삶에 부대껴 힘들고 고달플 때 좋은 시를 소리 내 읽으면 답답했던 가슴속이 봄날 강물처럼 스르르 풀리고 온몸이 훈훈해졌다. 그런 때문이었을까. 쉬 잠들지 못하는 밤이나 미명에 깨어난 새벽이면 이따금 시를 써보기도 했다. 문예 창작을 전공한 것도 아니고 특별히 시 창작 공부를 하지 않았지만, 그냥 마음의 소리를 끄적여 보았다.

　새벽에 금화동산 벤치에 앉아 어젯밤에 쓴 시를 큰 소리로 읽으면 온갖 수목樹木과 주위의 온갖 짐승들이 귀 기울여 들어주고 박수쳐 주는 것만 같아 내심 흐뭇했다. 시를 읽고 쓰는 일이 매우 기쁘지만 시라고 이름 붙이기가 미안하고 부끄러웠다. 마음으로는 멋진 시를 무진장 쓸 것만 같은데 막상 펜을 통해 노트에 썼던 시는 처음 의도와 다르게 산으로 가는 형국이었다.

　수필은 시보다 쓰기가 수월할 것 같았다. 그런 마음에서 2007년 유치원을 경영할 때 '교육현장체험수기'에 공모하여 교육인적자원부장관상을 수상한 적도 있다. 돌이켜 생각할 때 부산의 철길 옆 판잣집(하꼬방)을 비롯해서 대구이 섬유공장 베틀 뒤 창고에서도 내 손엔 책이 있었다. 이런 때문이었을까. 수필을 쓰기로 작정했다. 그 후 독서클럽에도 가입하고 습작의 시간을 가진 뒤 몇 편의 수필을 발표하고 정식으로 등단했다. 그리고 한국문인협회 달성지부 회장 대구문인협회 회원으로 간간이 수필을 발표해 오고 있다.

　간혹 시를 쓸 때마다 내 체질이 시에 더 가깝지 않나 하는 생각이 들기도 한다. 응축된 에너지를 간단명료하게 폭발시키는 장르가 시라고 생각되기 때문이다. 앞으로 한가한 시간이 주어지는 때가 오면 그간에 차곡차곡 갈무리해 두었던 시를 정리해서 시집 한 권을 펴내고 싶다는 꿈을 가지고 있다.

  꽃도 피는 시기가 다르고, 과일도 계절에 따라 다르다. 각각은 서로 자기 때에 꽃을 피우고, 자기 때에 과실을 맺는다. 고목에도 꽃이 핀다. 그것은 자신의 시간이다.

  사람마다 인생의 꽃이 피는 시기가 다르다는 것을 알고 있다. 그래서 나의 화양연화를 기다린다. 후회 없이 나의 잠재력을 마음껏 발휘할 수 있는 그때가 오기를 기대한다.

바람의 기도

날개 달린 언어들이
바람을 타고 날아다닌다

먹구름 천둥 번개
비바람을 몰고 와도
귀 막고 눈 감으면
머지않아 미풍 불어오리니

여름 소나기
처마 끝에서 분주하고
바람 한 줄기 젖은 옷
말리고 갈 때

금화동산 금잔화 무리 지어
황금의 잔 높이 들지

마알갛게 개인 하늘 우러러
한 점 부끄러움 없기를 기도하지

독도 탐방

울릉도는 갈 때마다 설렘이 있다. 그리워하던 사람을 만나는 마음이라고 할까. 지치고 고단한 심신을 단숨에 회복시켜 주는 마법의 섬 울릉도!

2018년 6월 22일 오후 외국인 유학생들과 함께 울릉도 도동항에 도착했다.

이번 답사는 (사)자연보호중앙연맹과 환경부가 주최·후원하는 제10회 '외국인 유학생 독도·울릉도 자연유산보전 운동'으로 나는 행사의 준비 요원으로 참가했다. 이 행사는 민간외교 프로그램의 하나로서 외국인 유학생들에게 천혜의 비경인 울릉도와 독도의 존재를 인식시키고 탐방 체험의 기회를 제공하는 중요한 프로젝트이다. 유학생들이 자기 고국으로 돌아가 독도가 한국 영토임을 알리는 민간 외교관 역할을 톡톡히 하기에 그 의의가 매우 크다.

울릉도는 신생대의 제3기에서 제4기 초에 걸쳐 동해의 해중에서 솟아난 거대한 화산의 정상부이다. 온화한 해양성 기후로 장마가 거의 없어 관광 휴양지로 최적의 조건을 갖추고 있으며, 연간 강수량의 40%가 겨울에 눈으로 내리고 있어 아름다운 설국의 세계를 체험할 수도 있다.

첫째 날은 봉래폭포에서 자연정화 활동을 하고 해안전망대를 둘러보는 것으로 일정을 마쳤다. 31개국의 유학생들이 모인 터라 각양각색의 차림과 다양한 언어가 어울려 스펙터클spectacle한 장면이 펼쳐져 새삼 지구촌이란 말을 실감했다.

둘째 날엔 독도박물관을 견학하고 사동항에 집결하여 독도로 향했다. 한반도 동해의 끝점인 신비의 섬 독도에 접안할 수 있는 날은 일 년 중에 고작 50일 정도란다. 따라서 아무리 가고 싶어도 하늘이 허락하지 않으면 먼발치에서 바라만 보고 안타깝게 돌아설 수밖에 도리가 없단다. 지난해 왔을 때도 수번의 호우끝이 진잔해 접안에 성공했는데 올해도 독도에 발을 디딜 수 있는 행운이 따랐다.

접안시설 준공비에 새겨진 글귀를 보면서 가슴이 뭉클했다. "대한민국 동쪽 땅끝, 휘몰아치는 파도를 거친 숨결로 잠재우고 우리는 한국인의 얼을 독도에 심었노라." 이 비를 보면서 새삼 대한민국 국민으로서 가슴 벅찬 감회에 잠기기도 했다. 수도 없이 불렀던 "독도는 우리 땅"이라는 노래의 가사 중에 '외로운 섬 하나 새들의 고향'이라는 표현처럼 천혜 비경과 어울린 새들의 날갯짓이

한 폭의 그림처럼 아름다웠다.

　유학생들의 반응이 뜨거웠다. 우리는 독도에 관해서 참 할 말이 많아 그렇다 치고, 유학생들은 이 작은 나라의 외딴 섬 독도에 왜 이렇게까지 열광할까. 31개국 87명의 학생이 저마다의 언어로 탄성을 질러댔다. 지구촌의 열기가 이 조그만 섬에 가득 찼다. 감동적인 장면이었다. 한편 나는 우리 팀에 속한 유학생에게 독도에 민간 전화도 있고 우편번호가 "40240"이라는 설명을 해주었는데 짧은 영어로 진땀을 빼기도 했다.

　일본과 영유권 논쟁이 있는 상황에서 어떻게 독도 영토주권을 수호할 것인지 진지하게 고민해 보는 시간이었다. 우리 국민들도 무작정 우리 땅이라고 외치기보다는 독도에 관해 많이 알고, 많이 찾아와 다양한 방면의 근거를 제시할 수 있는 지식을 개발해 무장해야 할 것이라는 생각이 들었다. 2시간 남짓 탐방을 끝내고 경비대원들에게 손을 흔들며 독도가 작은 한 점으로 남을 때까지 바라보다가 울릉도 사동항으로 돌아왔다.

　답사 마지막 날인 일요일은 6월 하순의 전형적인 짱짱한 날씨였다. 그러나 울릉도의 해안 둘레길은 아름답기 그지없어 지루한 줄을 모르고 걷게 했다. 올해 말 일부 막힌 구간까지 연결돼 완공되면 섬 전체 둘레길을 걸어서 답사해 보리라는 즐거운 상상을 했다. 나리분지에서 울릉도 대표 음식인 산채비빔밥을 먹고 도동항으로 이동했다.

승자 효과

　승자 효과winner effect 얘기다. 작은 승리가 결국 큰 승리를 가져온다. 조그마한 성공이라도 한 번 해본 사람이 더 큰 성공을 거둘 가능성이 높다는 심리학 용어이다. 이 개념은 영국 트리니티대학교Trinity University 신경심리학 교수인 이안 로버트슨Ian Robertson의 저서 『승자의 뇌Winner Effect』에서 나온 개념이다.

　사람이 남성호르몬의 일종인 테스토스테론testosterone이 더 많이 분비되면 지배적인 행동이 강화되고 그로 인해 많은 성공을 거두게 된다고 한다. 이겨본 사람이 잘 이기고, 작은 성공을 거두어 본 사람이 큰 성공도 거둘 수 있다. 성공과 승리의 경험은 뇌의 화학적 상태를 바꾸고 태도나 인생관까지 바꾸기 때문이다.

　오래전부터 나는 승자 효과를 경험했다. 하나의 작은 목표를 세우고 그 일에 전심전력해서 몰두하고 집중하다 보면 어느새 성공의 문이 열렸다. 그 희열은 필설로 형용할 수 없다. 이 작은 성공이 에너지가 되어 더 큰 목표를 세우게 된다. 이미 성공의 맛을 본 터라 어떤 고통이 따라도 이겨내기만 하면 결국은 성공에 이를 수 있다는 의지가 불타오르게 된다.

섬유공장에서 일할 때 고막을 때리며 쉬지 않고 돌아가는 베틀에 기름칠하면서도 내겐 목표가 있었다. 돈을 많이 벌어 유치원을 설립하는 꿈이었다. 노트에 상상 속의 유치원을 그리면서 고된 노동의 고통을 잊을 수 있었다. 목표했던 유치원을 설립하면서 승자 효과가 나타나기 시작했다. 성공의 맛을 본 것이다. 겨우 초등학교를 졸업하고 한 단계 또 한 단계 올라 결국 꿈꾸던 교육 사업을 하게 되었다.

유치원을 설립하고 나서 프리드리히 프뢰벨Friedrich Fröbel의 사상에 따른 자연 친화적 유치원을 운영하고자 들인 공은 상상 이상이다. 목표를 세우고 나면 '몰두와 집중'이다. 목표 달성 때까지 다른 생각은 일절 하지 않는다. 이후 사회복지법인에 목표를 두고 온 힘을 다해 달려온 것도 그전에 승자 효과를 경험했기 때문이다. 목표를 세우고 이루기를 반복하면 에너지가 눈덩이처럼 커진다. 이 에너지로 인생 1막 2막을 지나 인생 3막의 커튼을 열고자 한다. 커튼 뒤에 어떤 인생이 기다리고 있을지 기대한다.

용감한 사람은 어떤 고난도 위대한 탄생의 전주곡으로 만들 수 있음을 확신한다. 그런 이유에서 나는 결코, 멈추지 않을 것이며 또한 부끄럽지 않게 살아갈 것이다.

'인작人作도 백 년이면 가히 천작天作'이라는 말이 있다. "사람이

하는 일도 백 년만 이어지게 하면 그 일은 하늘이 하는 일이나 마찬가지"라는 뜻이다. 지금 경영하는 일이 가치 있는 일이라면, 오랫동안 지속되어, 백 년이 되어도 계속 이어질 것이다. 그렇다면 오늘의 선택은 결코, 부끄럽지 않은 결정이 되리라.

원석과 보석의 만남

원석과 보석의 만남
즐거운 일탈
700만 불의 사나이
새들의 인사
이순의 부록
꿈이 있어 하는 일을 멈출 수 없다
늦깎이 박사
시골길
겨울 철새
길

원석과 보석의 만남

거친 원석이 보석으로 탈바꿈하려면 다이아몬드diamond 톱으로 알맞은 크기로 자르고, 모양을 지어주는 그라인더grinder에 돌이 통과하면서 대충 모양이 갖춰진다. 그리고 원석을 끼워 넣을 수 있게 모터 2개가 필요하고 틀과 원석을 접촉시키는 쇠막대기인 돕과 스틱이 필요하다. 마지막으로 각을 내는 핸드피스handpiece가 필요하다.

'삭삭사사' 갈아주는 줄이라는 도구를 만나고, '통통통통' 작은 망치 두드리고 '통통통통' '삭삭삭' 다듬고 깎는 과정을 여러 차례 반복한다. 외부의 거친 표면은 원하는 크기대로 재단하고 원석을 흐르는 물에 대강의 모양을 잡으면서 깎아낸 뒤 연마, 다듬기, 광택 내기 등을 거치면 보석이 된다. 이처럼 원석이 보석이 되는 과정에는 인내와 고도의 집중력과 확고한 목표가 있다.

어릴 적부터 내겐 큰 꿈이 있었다. '반드시 성공할 것이다', 그래서 '될 때까지 한다', '끝까지 참는다', '꼭 다시 공부할 것이다.' 어렵고 힘들었던 삶에도 불구하고 여기까지 올 수 있었던 것은 다듬고 또 다듬는 단련과 연마의 과정이 있었기 때문이었다. 언제나 명확한 목표를 가지고 살다 보니 자발적으로 일하는 습관이 생겼고 함께할 좋은 사람도 많이 만났다.

사람의 만남에는 보석과 보석, 원석과 원석, 원석과 보석의 만남과 같은 여러 가지 유형이 있다. 먼저 보석과 보석 같은 유형의 만남은 너무 눈부셔서 오래가지 못한다. 한편 원석과 원석 같은 만남은 아픈 상처를 남기게 마련이다. 게다가 이런 유형의 만남은 거친 서로의 표면에 생채기를 내고 결국은 부서져 버릴 수도 있다. 그러나 원석과 보석 같은 유형의 만남은 서로의 가치를 찬란하게 드러내게 한다. 왜냐하면, 원석은 이미 다듬어진 보석을 바라보며 닮고 싶을 것이고, 보석은 원석 그 자체의 아름다움에 매료되기 때문이다.

일반적으로 보석과 보석이 만나면 서로의 그 찬란한 빛 때문에 상대의 빛은 밝지 않다. 알아보기가 어렵다. 그래서 인정하거나 서로 사랑하기 쉽지 않다. 그런가 하면 원석과 원석이 만나면 서로 충돌하고 문지르며 서로를 갈기 때문에 마주 보는 데 오랜 시간이 걸린다. 또한, 서로가 변하기 위해서는 끝없는 노력이 필요하다. 그러다 보면 아까운 세월만 흘러가게 마련이다. 한편 원석과 보석이 만나면 어떻게 될까? 사랑과 배려가 빚어내는 완성의 기쁨을 경험할 것이다. 상대방의 기대에 부응하고 상대방의 욕구에 맞게 먼저 변화하거나 상대방의 기쁨을 보고 함께 기뻐할 수 있는 만남이 바로 보석과 원석의 만남이다.

무척이나 글을 쓰고 싶었던 스무 살 무렵에 월간지《샘터》를 만났다. 수필가가 되고 싶어서 한 줄을 읽고 한 줄을 쓰면서 밤이 새는 줄도 모르고 책에 빠졌었다. 모든 사람은 원래 보석과 같은 존재로서 주어진 상황과 환경 때문에 다듬지 않아 원석처럼 보일 뿐이다. 다이아몬드도 그대로 두면 거친 돌일 뿐이다. 연마하면 다이아몬드가 된다. 자신감을 불러일으키는 만남, 기회를 주고 정신적 안정을 가져다주는 만남, 이것이 바로 원석과 보석의 만남이다.

즐거운 일탈

내 이름 앞에는 섬유산업, 유치원, 복지업계, 자연보호, 교육계 등 다양한 수식어가 붙는다. 생각해 보면 정말 다양한 분야를 해왔다. 그렇기에 일탈이라고 해도 틀린 말은 아니지 싶다.

그게 다가 아니다. 사람들이 나를 보면 '일상이 일탈'이라고 한다. 아내는 나를 '농군'이라고 부른다. 아침 일찍 눈을 뜨자마자 텃밭으로 달려가 땀을 뻘뻘 흘리는 모습을 보며 이런 말을 한다. 개의치 않고 아내의 잔소리를 그냥 반찬으로 듣고, 아침을 먹고 단정하게 옷을 입고 출근한다. 오전에는 직원들과 함께 '이사장'이 되어 복지관에서 일을 마친 후 다시 작업복으로 갈아입고 정원으로 나간다. 어르신들의 편의를 위해 순회하며 정원을 가꾸고 관리하고 있다. 딸아이가 "아빠, 정원사세요?"라고 한다. 오후에는 교육재단에 들러 직원들과 교육 업무를 본다. 이렇게 여러 가지 일을 하며 바쁘게 지내는 내 모습을 어리둥절하게 보는 이들이 있다. 그런데 나는 정말 즐겁다.

사전에 따르면 "정하여진 영역 또는 본디의 목적이나 길, 사상, 규범, 조직 따위로부터 빠져 벗어남"을 일탈이라고 정의하고 있다. 언뜻 생각하면 일탈은 뭔가 거창한 탈선인 양 보인다. 하지만 일상 속 작은 변화를 줌으로써 예상치 못한 삶의 즐거움을 주는 것도 일탈이다. 그래서 때로 나는 일탈을 한다. 일상에 얽매이고 사회적 시선에 갇혀 체념하듯 삶을 견뎌내고 있다면 그 얼마나 숨 막힐 일인가.

아침 일찍 일어나 밭에 자란 김을 매고 있으니 지나가던 옆집 할머니가 "저렇게 일이 좋을까? 하~ 하~ 하~", "농부네 농부." 하시며 "이사장보다 농부가 어울리네."라고 덕담을 하신다. 일상의 작은 일탈을 반기시며 응원하시는 것이다.

가끔은 일탈을 감행하며 자유를 만끽하고 싶어 하는 사람들이 있는 것 같다. 그들을 무조건 싸잡아 올바르고 진실한 삶을 살지 못한다고 비난하거나 힐난하는 것은 어폐가 있다. 현실에 지치고 힘들 때만 일탈을 꿈꾸는 것은 아니기 때문이다. 그리고 그것이 꼭 나쁜 삶을 사는 것이 아니기 때문이다. 사람은 이따금 자신이 처한 환경에 순응하며 일탈을 즐기는 삶을 영위하기도 한다. 그러므로 새로운 변화, 더 행복한 변화를 위해서 일탈을 꿈꿀 수도 있다. 미지의 길이나 일탈 속에서 전혀 예측하지 못했던 원석을 만나기도 하고 새로운 보석을 만나기도 한다.

나의 길이 변하지 않기를 바란다. 그래서 꿈에 희망을 걸고 걸어온 이 길을 완주할 수 있기를 바라며 걷는다. 때로는 자갈길에서 보석을 만나기도 하고, 확 트인 신작로에서 원석을 만나기도 하면서 말이다. 원석을 만나면 보석이 되어 정제되고, 보석을 만나면 원석이 되어 새로운 계기가 되기도 하리라. 현재 가고 있는 길까지 올 수 있었던 것은 상처를 남기는 만남보다 축복이 깃든 만남이 많았던 결과이리라.

"왜 이렇게 열심히 살아!" 칭찬도 하지만 걱정도 따르게 마련이고 때로는 비난도 받았다. 그조차 삶의 원동력에 박차를 가하는 채찍이 되었다. 손가락질을 받거나 무시당하지 않기 위해 정직한 마음으로 가다듬었고 주위의 의로운 사람들을 보고 배우면서 열심히 삶을 꾸려왔다. 세상에서 올바르고 정직한 사람으로 산다는 것은 쉬운 일이 아니다. 그렇기에 세상은 그런 사람을 버리지 않는다. 청춘의 삶을 깨끗하게 유지할 수 있다는 것은 꿈을 이루기 위한 정직한 도전이었고, 세상은 그것을 받아들였다. 정성을 다해 삶에 도전하고 순응하며 꿈을 이루는 것이 많은 재산을 소유하는 것보다 더 좋았다.

선입견을 깨고 일상에 푹 빠져 즐기면서 하다 보면 '성공적인 일탈'의 묘미가 또 나를 끌어당긴다. 세상 바람에 순응해 흐르는 것이 아니라 바람에 맞서면서 넘어질 듯 일어서서 멋진 모습을 연출하면서 짜릿함까지도 느낀다. 하지만 대다수 사람들은 그렇게 일만 하는데 그럴 수 있느냐고 묻는다. 일도 업무도 주어진 틀에 박히지 않고 벗어난 열정적인 삶의 방식이 일탈을 성공적인 삶으로 연결하는 것이리라.

선입견을 깨고 일상에 몰입해 즐기다 보면 '일탈의 성공'이라는 매력이 또다시 나를 끌어당긴다.

세상의 흐름을 따르지 않고 바람에 맞서 일어설 때, 그리고 그런 것 같던 순간이 찾아올 때, 마치 멋진 일로 변해버릴 것 같은 그 설렘은 말로 표현할 수 없다. 대부분 사람이 그것이 진짜 가능한지 묻는다. 가능하다. 주어진 틀에 얽매이지 않는 나만의 열정적인 삶의 방식이 일탈을 성취감으로 만들어 내기 때문이다.

700만 불의 사나이

1987년 8월 30일 달성군 옥포에 자가 공장을 설립했다. 공장 동남쪽에 대문을 만들었다. 그리고 가동식稼動式을 사흘 앞두고 대형 차량 전용의 대문을 북쪽에 새로 만드는 공사를 진행하였다.

전날 비가 조금 내려서 공장 마당은 습한데 모두 눈코 뜰 새 없이 바빠 어쩔 수 없이 내가 직접 전기용접을 하게 되었다. 나는 맨발로 작업하는 버릇이 있다. 그날도 맨발로 작업하던 중이었는데 사무용 가구를 실은 차량이 들어와야 하는 관계로 용접기를 옮겨야 했다. 잠시만 움직이면 될 것 같아서 전기 스위치를 끄지 않고 용접기를 집어 들었다.

그 순간 "앗!" 입에서 단말마 같은 비명이 흘러나왔다. 순식간에 입술이 굳어지며 의식이 희미해졌다. 몸이 흙덩이리인지, 용접 기계인지 알 수가 없었다. 그 짧은 순간에 지나간 세월이 선명하게 뇌리를 스쳤다. '아!, 잠깐!' '이대로는 죽을 수 없어.' 마음속으로 외쳤다. 하지만 입술이 굳어 아무도 들을 수 없었다. 비명은 야속하게도 머릿속에서 맴돌 뿐이었다. 220V 전기가 흐르는 용접기는 나와 한 몸으로 착 달라붙은 채로 굴러다녔다. 대형 감전 사고였다.

'아! 이제 죽는구나, 여기까지 오기 위해 숱한 고비를 견뎌냈는데, 이제 끝났구나.'라고 체념하는 절체절명의 순간에 저쪽에서 다급히 달려오는 발소리가 희미하게 들렸다. 여직원이 달려와 재빨리 전선을 잡아당겼다. 굳어버린 입안에서 안타깝게도 "그건 안 돼!", "전선은 안 돼!", "스위치를 꺼!"라는 말이 맴돌았다. 그때 옥상에서 TV 안테나를 설치하던 운전기사가 번개처럼 달려와 스위치를 내렸다. 순간 몸이 용접기에서 튕겨 나갔다.

거의 죽은 사람이 되어 응급실로 이송되었고 병원에 도착하자 "아직 죽지는 않았어!"라며 웅성거리는 소리가 들렸다. 그리고 잠시 후에 "아직 살아있어."라는 말이 들리기도 했다. 그리고 얼만가 시간이 지난 뒤에 누군가가 "다행입니다. 발가락에서 피가 나서 살았어요."라고 얘기했다.

담당 의사가 다가와 "살아있는 것이 기적입니다."라고 말하며 "700만 불의 사나이입니다."라고 농담을 했다. 넘어질 때 발가락에서 피가 난 건 정말 행운이었다. 여직원이 만약 내 몸을 잡았다면 저승까지 동행했을지도 모를 일이었다.

공장 가동식이 코앞이었기에 의사의 만류에도 불구하고 퇴원하여 9월 2일 오전 행사에 가까스로 참석했다. 입고 있는 슈트 안에서 몸이 떨리고 통증이 있어 입을 다물고 있기에도 힘들었다. 그러나 기쁨은 넘쳐났고 정말 행복했다.

우주비행사 스티브 오스틴 대령은 비행기 사고에서 살아남아 '600만 불의 사나이'가 되었고, 220V 사고 이후 내 별명은 '700만 불의 사나이'가 되었다.

아직도 해야 할 일도 많고 하고 싶은 일도 여전히 많다. 일해도 지치지 않는 걸 보면 220V의 뜨거운 전류가 몸 안에서 에너지를 방출하는 것 같기도 하다. 30년이 훨씬 지난 지금도 큰 결정을 내릴 때마다 극적으로 살아난 그 감전 사고를 떠올린다. 그 이후의 삶이 덤처럼 느껴지기 때문에 더 열심히 사는지도 모른다.

새들의 인사

새들이 나에게 가장 먼저 인사하는 듯 어슴푸레 이른 아침부터 분주하게 '짹짹'이며 지저귄다. 그렇게 금화동산의 우거진 숲을 찾아 들어 행복하게 날아가는 그들은 매일 아침 큰 위안을 안긴다.

아침 일찍 출근해 금화복지재단 정원을 산책할 때마다 새소리가 들려온다. 새들의 노랫소리가 평소와 달리 들려 나뭇가지를 올려다보니 떼를 지어 둥지 주변에서 노닐고 있었다. 정말 놀랍다. 숲이 우거지면 새가 많이 날아들 것이라는 믿음에서 나무를 심고 꽃을 가꿨다. 예상대로 새가 왔다는 사실은 그동안의 수고에 대한 보상을 의미한다. 아름다운 새의 지저귐을 듣고 있노라면 마음이 편안해지고, 일상에 쌓인 스트레스가 봄 눈 녹듯이 사르르 사라졌.

복지재단 설립 시 자연환경을 최우선으로 생각했다. 이는 급선무가 아니라 장기적인 중점 과제로 설정하고 추진한 계획이었다. 그렇게 함으로써 입소 어르신들의 삶이 질을 높이는 것이 목표였다. 그 이유는 고향, 좋아하던 집, 오랜 세월 살아오던 집, 정답던 친구들과 떨어져야 하는 어르신들의 상실감을 조금이라도 채워주고 싶었기 때문이다.

어르신들이 요양원을 자신의 집처럼 느낄 수 있도록 해야 한다는 게 내 소신이다. 어르신들이 요양원에 오실 때 느끼는 불안감을 불식시키고 싶었다. 그러기 위해서는 어르신들이 요양원에 친근감을 느낄 수 있도록 환경을 조성하는 게 정답이라고 생각했다. 이런 판단에 따라 꽃, 나무, 채소, 풀, 나무, 고양이, 닭, 개, 새, 염소 등을 가꾸고 기르는 한편 자연과 같은 환경을 조성하는 게 최선이라는 결론에 이르렀다.

예상은 적중했다. 나무가 무성해 푸른 숲으로 바뀌면서 정원엔 새들이 날아들었고, 생활환경은 몰라볼 정도의 청정 공간으로 탈바꿈되었다. 이렇게 변한 요양원에 입소한 어르신들이 좋아하는 것은 물론이고 보호자들도 대만족이었다. 부모님을 남겨두고 집으로 돌아가는 자식들의 마음이 얼마나 무겁겠는가? 그래도 자신의 집보다 더 쾌적한 생활환경에 부모님이 계신다는 사실에 그나마 조금은 위안이 될 것이다. 자녀들이 방문했다가 돌아갈 때마다 그런 분위기를 느끼고 있다.

10년 전쯤 이곳은 황무지였다. 대나무 숲은 방치되어 여기저기 돌이 박혀 있고, 가시덤불과 잡초가 무성했다. 일하는 즐거움에 잠도 자고 싶지 않아서 매일 해가 뜨기를 기다렸다. 새벽이 되면 어김없이 톱과 낫을 들고 달려와 씨름하곤 했다. 허구한 날 그렇게 매달리다 보니 어느결에 2,000평 규모의 황무지가 아름다운 모습을 갖추기 시작했고, 노력은 값어치를 가지게 되었다.

나무 하나하나 모두 내 손으로 심었고, 돌 하나, 풀 한 포기도 내 손이 닿지 않은 곳이 없다. 오늘 아침에도 드높은 나뭇가지 위에서 지저귀는 평화로운 새들의 모습과 이제 막 환하게 피어나는 꽃들을 보면서 그렇게 행복할 수 없었다. 이 모두가 땀 흘려 일구고 심으며 가꿔온 값진 노동의 대가이다. 이게 바로 자연의 섭리 아니겠는가?

세상 어디에도 심어서 바로 열매를 따 먹는 경우는 없다. 씨앗을 뿌리고, 노력하고, 시간을 들여야 열매를 맺는 것이 자연의 섭리이자 삶의 이치이다. 이런 관점에서 생각할 때 자녀를 키우고, 인재를 양성하고, 조직을 든든히 구축하는 데에는 근면과 시간이 필요하다. 결국 모든 일에 인내의 시간이 필요한 것이다.

한편 시간이 지날수록 해결해야 할 문제는 더욱 다양해지고 책임감이 무거워진다. 그래서 항상 고민이 많다. 어르신들과 종사자들에게 어떻게 만족을 줄 수 있을까? 직원들에게 어떤 희망을 줄 수 있나? 끊임없이 변화하는 이 시대를 우리는 어떻게 맞이할 것인가? 생각에 끝이 없다.

이른 아침 숲에 새들이 모여 지저귀는 모습을 보고 답의 절반을 찾은 것 같다. '숲의 마음을 배우자', '나무처럼 공존하는 법을 배우자', '숲이 우거지면 새도 저절로 찾아온다는 원리를 명심하자'

라는 말이 머릿속을 가득 채운다. 이런 화두를 되새기면서 오늘도 꿈을 향해 꼿꼿이 서서 용기 있는 발걸음을 내디딘다. 큰 숲이 조성되면 사람들도 이 풍성한 둥지에 찾아와 나와 같은 꿈을 꾸게 될 것이라 굳게 믿으면서.

이순의 부록

이제 이순을 훌쩍 넘겼으니 인생의 일모작을 거두었고 이모작이 시작된 셈이다. 책을 읽다 보면 책의 본문 내용에 이어서 뒷부분에 부록附錄이 나오는 경우가 종종 있다. 부록은 글을 쓰는 이가 남기고 싶은 핵심 내용을 적바림해 놓고 있어 본문보다 몇 배나 값어치가 있기도 하다. 사람에 견줄 때 젊음을 바쳤던 삶을 책의 본문이라고 한다면 이순을 넘긴 이노삭의 삶을 부록이라고 할 수 있겠다. 나에게는 이순을 넘긴 지금이 덤으로 받은 선물 같은 시간이다. 그래서 일모작 때보다 더 열정적으로 사는지도 모른다.

이때까지 살아온 인생을 책으로 엮는다면 이순의 권말 부록은 불꽃이다. 내게 따라붙는 꼬리표 수식어가 '열정'이다. 사람들은 인생을 고통이라고도 하고 행복이라고도 하고 성장이라고도 한다. 그래서 '어떤 선택을 해야 하나?'에 대해 항상 고민하게 마련이다. 그렇지만 정답은 없는 듯하다.

무일푼 가난도, 보릿고개[麥嶺期] 배고픔도, 하늘로 띄워 올리고 희망의 편지로 덮기도 했다. 신념이 있어야 변화를 기대할 수 있다는 믿음으로 앞만 보고 정진했다. 사랑하고 용서하며 믿음에서 용광로처럼 끓어오는 수많은 욕구를 잠재우며 꿈을 위해 매진해 왔다.

　이순을 넘기기까지 얼마나 많은 일이 있었고, 얼마나 많은 욕망과 감정의 부대낌이 있었던가? 일모작이 끝났다고 인생의 허무함을 말하기에는 이르다. 허무에 빠져 낙담하기에는 너무 이르고 아쉽다. 이런 각오로 생의 이모작을 이제 시작했기에 죽는 그날까지 품위를 지키며 살기 위해 최선을 다할 것이다. 도전의 의욕이 꺾이는 순간 모든 게 와르르 무너질 것이다. 결국, 아직 의욕이 넘치고 식지 않는 열정이 뒷받침되기에 멋지게 나이 들고 싶은 욕심을 접지 않을 것이며 아울러 멈추지 않을 각오다.

　"이제 좀 쉬어가면서 하는 게 어때?"라고 지인들이 충고한다. 하지만 "인생은 항상 도전해야 해." 혹은 "가만히 있으면 아무것도 할 수 없게 돼."라는 게 내 신조이다. 도전 의욕이 꺾이면 곧바로 노화가 가속될 것이다. 도전을 멈추면 늙음의 길로 접어들게 되고, 청춘의 삶을 유지할 수 없게 된다. 세상에서 제일 재미있는 일이 도전이다. 열정과 도전이 없으면 나이에 상관없이 늙는다.

　어제는 친구에게 시를 낭송해 주었더니 전문가의 낭송처럼 들린다고 했다. 시 낭송하는 것이 아니라 웅변처럼 낭송했는데도 불구하고 극찬의 응원이고 격려였다. 그래도 실력이 날로 향상되는 재미에 푹 빠져 있다. 시 낭송에 상당한 고수가 된 느낌이다. 어린 아이들이 게임에 빠진 것처럼 시 낭송 모임에 푹 빠져 산다.

　마음은 여전히 도전해 성장하고 싶다. 이순이라고 해서 왜 꿈을 버려야 하는가? 그 어떤 선택도 모두 자유이다. 젊은 시절에 정말 하고 싶었지만, 현실에 쫓겨 못 해본 것이 많다. 지금부터는 포기하지 않을 각오이다. 그래도 젊었을 때같이 열정적이지는 않지만, 방법을 달리하여 열심히 살아갈 요량이다.

　젊은 날 태산준령 넘어 일군 금화동산을 환하게 비추는 보름달 아래에 앉아 삶의 의미를 곱씹고 있다. 아직 이순의 권말 부록을 채울 열정이 칠칠함에 감사하고 있다.

꿈이 있어 하는 일을 멈출 수 없다

　유년 시절의 아픔이 줄곧 나를 따라다녔다. 돈을 많이 벌어 어렸을 적에 헤어진 엄마를 꼭 찾고야 말겠다며 남모를 외로움과 상처를 간직한 채 살아왔다. 초등학교 졸업 후 빨래집게 공장, 장난감 공장, 목수, 철공소, 섬유공장에서 꿈을 이루기까지 억척 인생 30년 세월에 수없이 많은 고통과 좌절을 경험했다.
　젊은 시절 기숙사 생활을 하면서 진로에 대한 꿈을 꿨다. '교사가 되어 아이들을 가르치고 있는 꿈'이었다. 배우지 못한 아쉬움이 늘 가슴속 한자리에 차지해 그런 꿈을 꿨지 싶었다. 이때부터 이 세상에서 가장 훌륭한 유치원을 세워야겠다는 목표를 세우게 되었다.
　이상과는 거리가 먼 섬유 계통의 일을 하면서 오직 성공해야 한다는 신념에 젊음을 불태우면서 맨손으로 성공할 수 있는 이유를 생각하고 또 생각했다. 하지만 그 꿈은 실현될 가능성이 보이지 않았다. 그래도 진정 교육 사업을 하고 싶어 가능성을 찾는 데 온 마음을 기울여 집중했다. 무일푼으로 시작해서 가난과 싸워야 했던 어려운 시절, 신념이 있어야 변화를 가져온다는 믿음의 불씨를 살려야 했다. 마음속에 생각을 이어 가야 하기에….

어두컴컴했던 섬유공장에서 기계들의 정교한 움직임과 섬유공장 특유의 냄새는 오랜 세월이 지난 지금도 뇌리에서 잊히지 않고 있다. 26세 되던 해 제대로 가동되지 않던 공장의 지사장으로 발탁되었다. 그곳에 근무하며 지극정성을 다하는 모습에 하늘이 도왔던지 3개월이 지나면서 최고의 생산량을 기록하면서 인정을 받게 되었다. 그러던 회사가 1년 6개월쯤 지날 무렵이었다. 공장을 공동 경영하던 출자자들이 갈라서면서 내가 인수하지 않으면 안 되는 상황에 이르렀다.

그동안 모아놓은 돈과 부족한 돈을 빌려 비록 전세지만 직기 40대에 직원 모두를 떠안은 채 공장을 인수하게 되었다. 그렇게 대구시 월배 대천동에 자리한 광영섬유 사장이 되어 인생의 새로운 이정표를 세우게 되었다. 당시 중고 직기 1대당 20만 원에 매입했는데, 인수한 지 얼마 지나지 않아 정부에서 섬유기계 자동화 시책을 선포하였고, 이에 따라 헌 기계 4대를 폐기 처분하면 자동기계 1대를 교체할 수 있는 조건으로 대출을 해주었다. 이런 조건 관계로 20만 원에 매입한 직기가 1대당 100만 원까지 인상되는 행운까지 얻으면서 사업은 승승장구했다. 2년 뒤 대구에 인접한 달성군 옥포면 대지를 매입하고, 드디어 자가 공장을 신축해 이사했다.

돈을 벌어 사장이 되어야 교육 사업을 할 수 있는 배우자를 만날 수 있다는 집념으로 많은 유혹을 뿌리치고 참고 기다렸다. 결혼 후 사업이 안정되면서 사회학을 전공했던 아내에게 유아교육을 다시 공부하도록 권유했다. 시간이 흐르면서 목표는 점차 현실화하는 듯했지만, 운명의 신은 가혹하리만큼 험난한 고난을 또다시 안겨 주었다.

아내가 겨우 1학년을 마칠 무렵인 1990년 친구와 동업으로 운영하던 무역업과 함께 부도를 맞게 된 것이다. 꿈을 이루기 위해 세상의 달콤한 유혹을 뿌리치고, 자신과 싸움을 하며 차곡차곡 쌓아온 모든 것들이 하루아침에 눈앞에서 사라지는 순간의 고통은 견디기 어려울 만큼 가혹했다.

올곧은 판단이 인생을 결정하게 된다는 집념과 끊임없는 노력으로 불가능의 벽을 허물어 갔다. 그리고 나를 힘들게 했던 온갖 절망적인 상황을 극복하고 남모르는 땀과 눈물을 흘리던 10년이 흘렀다. 그렇게 밀레니엄Millennium 시대가 열리던 2001년에 꿈에 그리던, 어린이들의 꿈의 궁전을 화원 명곡에 '늘푸른유치원'이라는 이름으로 설립했다. 30년 동안 꿈을 포기하지 않았기에 예정보다 늦었지만, 꿈은 실현되었다. 꿈이 현실이 되었지만, 그것은 끝이 아니었다. 또 다른 일의 시작이고 그 꿈을 발전시켜야 하는 과업이 남아 있기에 하던 일을 멈출 수가 없다.

가지 않는 길을 걸어가는 마음에 기쁨과 동시에 불안감이 밀려온다. 세월이 흘러간다고 해서 저절로 이루어지는 것이 아니기에 변화에 더 신속한 선제 대응이 필요했다. 스스로 선택한 길이었기에 46살이라는 적지 않은 나이에 중·고등 과정의 검정고시(2002년 5월 6일)를 거쳐 이듬해 계명대학교 사회복지학과에 입학했다. 졸업 후 유아 교사의 역할과 이론을 전문화하기 위해 다시 수성대 유아교육과를 마쳤다. 끊임없는 열정으로 사회복지 석사 공부까지 마칠 수가 있었다.

'조금만 더 일찍 삶을 헤쳐나가는 지혜를 깨달았다면 인생의 기로에 섰을 때 많은 기회를 놓치지 않았을 것'이라는 생각이 든다. 무엇이든 잡으면 성공해야만 한다는 생각 때문에 정작 물러서야 할 때 제대로 대처하지 못해 잃은 것도 많다. 하지만 그것이 되레 삶에 원동력이 되어 돌아오는 것을 느끼며 더욱 일에 몰두하기도 했다. 그러한 일과 성공에 대한 집념 때문에 힘들고 괴로웠던 유년 시절을 슬기롭게 이겨냈던 것 같다.

공부는 지금까지 느끼지 못한 새로운 시각으로 세상을 볼 수 있는 지혜를 안겨줬다. 마음의 눈을 뜨기 시작하면서 그동안 얼마나 편협한 마음으로 세상을 살았는지 돌아보게 된다. 그 지혜는 무한 경쟁을 외치던 가치관과 이념을 바로잡고 지나온 삶을 정리할 수 있는 계기를 만들어 주기도 했다.

배움을 밑거름으로 사회복지법인 '금화늘푸른복지재단'을 설립했다. 여기에서는 특화된 서비스를 제공하기 위해 계획을 세워 하나하나 실천해 나가고 있다. 어렵게 살아온 생이 헛되지 않게 하려는 나의 도전은 오늘도 멈춤 없는 현재 진행형이다.

노력과 열정을 가지고 뛰었던 지난날의 삶이 헛되지 않게 앞으로도 후회 없이 길을 갈 결심이다. 이런 맥락에서 기반을 조성하는 인프라infra를 구축하는 데 머무르지 않고, 품격과 수준 높은 서비스를 제도적으로 운영해 가면서, 새로운 변화와 도덕적 가치를 실현해 나갈 것이다.

늦깎이 박사

늦깎이 공부를 마칠 즈음 박사 학위 논문에 도전했다.

논문을 쓰겠다는 목표를 세웠는데 처음에는 어디서부터 시작해야 할지 막막했다. 먼저 필요한 책을 구매해서 여기저기서 정보를 검색하고 수집했다. 그런데도 어찌해야 할지 시간이 갈수록 막막하기만 했다. 게다가 한 번 실패했기 때문에 더욱 그랬다. 일 년 전에 연구의 마지막 단계에서 모든 것을 버리고 처음부터 다시 시작해야 했기 때문에 부담감도 두 배였다.

혼자 달포를 고민하다가 서울로 올라갔다. 서울대학교에서 자연과 환경을 가르쳤던 은퇴한 교수를 만났다. 교수님은 자연보호 분야의 선두주자이며 내가 연구하고 싶은 자연보호론자들의 관점에 대해 잘 알고 계신 학자다. 자연보호론자의 관점에서 자연환경 보전에 관한 연구를 하게 된 것은 자연환경은 유기체적 가치 Organic value를 가지고 있기 때문이다.

인간과 자연, 자연과 인간은 공존의 원리로 유기적 관계를 유지하며, 지구 존속에 서로 상호보완적 역할을 하고 있다. 그런데 자연환경은 인류의 문명 발달에 따라 시간이 흐를수록 훼손이 심각해지고 있다. 이는 자연환경 보전을 위한 패러다임Paradigm의 개전開展에 '근원적인 내재가치'를 우선순위에 두지 않았기 때문이다. 따라서 자연환경과 생태계 자체를 고려한 유기체적 내재가치를 기반으로 자연환경을 보전한다면 현세대와 미래세대 모두를 위한 환경이 보전될 수 있다는 관점에서 논지를 전개했다.

　자연환경은 생물의 다양성과 각 생물 간의 연관성으로 이루어져 있으며 자정력과 자생력을 가진 '서로 얽힌 통일된 하나의 집합체unified whole'로서, 유기적으로 그 구조와 기능을 이해해야 한다. 이를 전제한다면 자연환경 보전에서 유기체적 가치 접근은, 첫째로 자연환경의 회복성·회수성·연결성을 염두에 두면서 사회 구조적이어야 하며, 둘째로 범화汎化: Generalization하여야 하며, 셋째로 '공존'의 세계관이 정립되어야 한다. 이러할 때 합리적 대안이 세워질 수 있기 때문이다.

　자연환경 보전의 위기를 사회적 측면, 경제적 측면, 현상적 측면에서 바라볼 수 있어야 한다. 하지만 현실은 그렇지 못하다. 개인이 해결할 수 없는 법제적 한계로 인한 무력감, 개인 편의가 우선인 포스트 모더니즘적 인식 구조, 고도성장 주도의 경제 패러다임 등 이러한 사조에 의해 자연환경은 현재와 미래세대가 동등한 기회로 사용할 수 없게 되어가고 있다.

이에 다음 미래세대를 위한 자연환경 보전의 새로운 패러다임이 요구되는데, 여기에는 자연환경의 자율성·유능성·관계성이 핵심요소가 되어야 한다.

첫째, 자율성autonomy은, 인간 행동에 의한 손상이 없이 자연환경 자체의 가치를 보호·보존하는 것으로, 자연환경은 자정력을 갖고 있기에 성장과 도태를 조절할 수 있다는 것이다. 이는 인간과 자연이 분리된 개념이 아닌 공존 원리로, 인간의 의지와 선택이 자연환경에 반영되어야 한다는 것이다.

둘째, 유능성competence은, 자연환경은 자연의 가치를 그대로 발휘하면 보존될 수 있다는 것이다. 이러한 자연 보전 능력은 자연환경이 외부적 환경과 상호작용할 기회가 주어질 때 충족된다고 볼 수 있다.

셋째, 관계성relatedness은, 자연과 자연, 자연과 인간이 안정된 관계를 획득하고 유지하는 것으로 서로 간에 중심성을 주장하지 않는 공존의 관계를 말한다. 여기에는 문명의 역逆관계를 고려해야 하는 개념이 함축되어 있다.

이 세 가지 요소가 자연보호 활동가 관점에서 재고해 본 유기체적 내재가치를 기초로 한 패러다임 모색의 방향성이다.

자연보호 활동가 관점에서 본 연구 배경과 연구 목적에 대해서, 자연환경의 유기체적 내재가치에 관한 개괄을, 자연환경 보전 위기와 보전 현상의 한계를, 유기체적 내재가치에 바탕을 둔 자연환경 운동의 방향 모색에 대해 논지를 갖고 전개했다. 연구에 대한 의의는 '자연보호 협의회' 활동가 관점에서 자연환경 위기 현상을 고찰한 연구라는 것과 미래를 위한 새로운 지평에 유기체적 내재 가치를 기반으로 전개될 수 있다는 것에 있다.

 학사라도 되고 싶다는 꿈을 꿨었는데, 그리고 박사학위논문을 쓸 수 있는 자격만이라도 얻었으면 좋겠다고 생각하던 시절이 있기도 했는데, 박사 과정을 두 대학에서 마치고 드디어 논문을 완성하고 학위를 취득했다. 이렇게 마무리가 되는구나! 그 감격은 나만이 알 것이다. 이 학위를 장롱 속에도 책장 속에도 두지 않을 것이다. 세상을 위해 보람 있게 상용할 것이라 맹세했다.

 대학 강의실에서 같은 학과 20대들과 나눈 이야기들, 수업 시간에 졸고 있는 나를 깨워준 동기, 점심시간만 되면 "점심 사주세요."라며 따라오던 아이들, 강의실 복도에서 학생인 나를 교수로 착각하던 학생들, 모든 추억이 보석 같다.

 수년간의 연구와 노력이 헛되지 않도록, 새로운 비전을 품고 살아갈 수 있도록 응원해 주신 분들이 참 감사하다. 그리고 나와 함께한 가족들이 고맙다.

시골길

걸으며, 생각하며, 느끼며, 복잡한 도시를 벗어나 한적한 길로 들어섰다. 목적지는 있었지만 길을 잃은 것 같다. 다시 가볼까 말까 망설이면서도 자꾸만 끌리는 길의 매력에 푹 빠졌다. 예전에는 몰랐는데 요즘은 이런 시골 들길이 참 정겹다. 유독 올가을과 겨울에 거닐어 보니 더할 수 없이 포근했다.

비탈길의 수목 사이로 난 구불구불한 산책로를 터덜터덜 걷는다. 계곡은 좁았다가 넓어지며 끝없이 길게 뻗어 있고 저쪽 끝 외딴곳에 수줍은 듯 반쯤 숨겨진 동네가 눈에 들어왔다. 한참 더 걸어가니 의외의 장소에 저수지가 있다. 대구와 가까운 곳에 이런 곳이 있다는 사실에 내심으로 놀랐다. 이국적인 냄새가 물씬 풍겨 다른 나라에 불시착한 느낌이었다.

자연 그대로의 흙길이라서 찾는 사람이 그리 많지 않은 것 같았다. 집의 벽과 담장에는 다채로운 그림이 그려져 있었는데 주민들이 그린 것 같지는 않았다. 공공기관이 주도하여 시골 마을에 벽화 그리기 사업이 진행된 적이 있는데 그때 그린 것 같았다.

황소가 검붉게 그려진 벽이 인상적이었다. 마치 눈앞에서 들이받을 것만 같다. 외양간 문은 이미 허물어졌고 나머지 벽도 마찬가지인데 성한 벽에다 황소 그림을 그려 놓았다. 화가 잔뜩 난 황소가 외양간을 뿔로 들이받고 뛰쳐나온 듯한 그림이다. 정말 사실적으로 그렸다.

골목길을 돌아서니 달구지와 절구통도 그려져 있고 풍로도 그려져 있다. 이제는 기계로 농사를 짓기 때문에 이런 그림이 사무치기도 하리라. 딱지치기와 팽이치기 놀이모습도 그려 놓았다. 어린아이들이 없는 시골 마을에 아이들의 소리가 들려오는 것만 같았다. 골목에 뛰놀던 바둑이도 그려 놓았고, 사위 오면 잡아주던 닭도 실물처럼 그려져 있다. 마을회관으로 사용했던 곳인지 벽에 산수화가 그려져 있어 내 발길을 붙잡았다.

미술관을 관람한 기분으로 걷다 보니 마을이 끝나고 인적이 드문 한적한 산길이었다. 동네를 이은 들길과 산길 옆의 농장마다 사과나무였다. 그 농장을 지나 대충 30분은 걸었던 것 같다. 산길을 따라 소나무, 대나무, 자작나무가 있었다. 나무 향이 흙과 어우러져 자아내는 자연에 취했다. 모처럼 기분이 정말 좋다. 보약보다 좋은 모처럼의 산길 산책이었다.

숲이 우거지면 새들이 날아오듯 흙, 나무 향기가 숲 깊은 곳으로 오라고 유혹했다. 나처럼 활동적인 사람이 한적한 산길이나 들길을 생각하며 걷는 것을 보면 지인들이 어울리지 않는다고 할 것 같다. 하지만 이런 시간, 이런 들길이 좋고 산길이 정말 좋았다. 이런 휴식은 미처 시행하지 못한 남겨진 생각을 다듬거나 기억 속에 갈무리된 추억을 되살리기에 안성맞춤이다. 누구의 방해도 받지 않고 자연과 교감하고 인생의 시작과 끝을 확인할 수 있다. 그리고 새로운 시작을 준비할 수도 있다.

사람들은 내게 쉬지 않고 일하는 이유를 묻는다. 그때마다 "꿈을 위해 살고, 꿈을 이루기 위해 산다."고 대답한다. 요즈음은 되레 그들에게 묻고 싶다. "당신 인생의 목적은 무엇입니까?"라고.

꿈이 없으면 삶의 목적이 없다. 그리고 꿈을 이루려고 하지 않으면 삶은 의미가 없다. 막힌 길, 험난한 길, 풀릴 기미가 보이지 않는 길이라도 꿈이 있다면 새로운 방법을 찾아낼 수 있다.

산길에서 불어오는 솔잎 향기와 바람에 흔들리는 나뭇잎의 춤사위는 많은 위안이 되었다. 복닥대는 도시에서 멀리 떨어진 한적한 들길, 도시의 소음에서 멀리 떨어진 산길, 풀과 나무의 향기, 숲의 향기는 편안함 그 자체였다. 가장 소중한 휴식의 시간으로 자연으로부터 큰 위안을 받았다. 일상을 벗어난 시골길을 걷는 것은 자연을 통한 새로운 발상의 선물인 것 같다. 바쁘게 살아서 기억도 나지 않는 소중한 추억의 묶음 같은 것이다.

낮은 산이지만 온통 산으로 둘러싸인, 크지도 작지도 않은 저수지가 있는 한적한 이곳을 알록달록 가을이 익어갈 때 다시 오고 싶다. 창원에서 청도로 오는 길에 있으니 내려가는 길에 주소나 알아둬야겠다.

겨울 철새

 겨울 철새들이 월광수변공원(대구 달서구) 저수지 위를 맴돈다. 추운 겨울을 즐기려고 무리 지어 날아오고 있다. 철새들은 번식지에서는 무리를 짓지 않는다. 자유롭게 단순한 일상을 산다. 철 따라 옮기기 전에는 위험이 없다. 자기 영역을 확보하고 그 안에서 생활하다 멀리 이동해야 할 철이 되면 대장을 따라나선다. 결국, 삶터를 옮길 때가 되면 무리를 이룬다.
 철새는 L자, V자, W자 형태로 난다. 이동하면서 에너지 소모를 줄이고 최대한 힘을 모아 완주하기 위해서란다. 철새들은 날면서도 서로의 의사를 원활하게 주고받는다고 한다. 그리고 서로를 보호하며 천적의 공격을 피해 가면서 비행을 완주한다. 참 지혜롭다.
 철새의 지혜를 생각하며 길을 걷다보니 어느새 저수지 저쪽 둑길에 내려앉았다. 밤낮을 쉬지 않고 날아 이젠 안전한 자리라고 믿는 모양이다.
 대장 철새는 머나먼 거리를 이동하면서 '어떻게 무리를 이끌었을까?', '그는 과연 무엇을 하였을까?', '어떤 생각을 했을까?' 무척 궁금하다. 아울러 '날갯짓으로, 끼륵끼륵 소리로 어떤 비전을 제시했을까?', '어떻게 무리를 이끌어 흐트러지지 않고 질서를 유지하며 여기까지 올 수 있었을까?', '거친 바람을 맞았을 때는 어떤 마음으로 대처했을까?' 모든 게 신비롭고 경이롭다.

아마도 최적의 항로와 고도를 찾아내기 위해 그간 쌓아온 경험에 의지했을 것이다. 가진 모든 정보를 동원하여 비행했을 것이다. 돌발 상황이 발생하더라도 정확하고 신속하게 대처했을 것이고, 관리 능력을 한껏 발휘했으리라. 그렇다면 철새 대장이 거친 바람을 가르며 천적을 물리치며 앞자리에서 비행하는 이유는 무엇일까? 힘에 부칠 때도 있고, 목숨의 위협을 느낄 때도 있을 텐데 말이다.

모든 힘을 쏟아부어 비행하다 보면 탈진 상태에 빠질 것이다. 그러면 무리 중 하나가 대장 자리를 이어받아 이끌며 난다고 한다. 무리의 선두에서 날면 에너지가 많이 소모되기 때문에 그들은 비행 도중에 수시로 대장 역할을 번갈아 맡아 비행한다는 귀띔이다. 힘들면 혼자 떠날 수도 있을 텐데 철새는 결코 혼자 떠나는 법도 없을 뿐 아니라 혼자서 시종일관 대장 역할을 맡는 법도 없다는 얘기다.

철새는 매년 수만 킬로미터에 달하는 장거리를 이동한다. 그렇게 먼 거리를 날아가도 비행 대형은 흐트러지지 않는다. 이것을 보면 미물들의 행동이라도 참으로 놀랍다. 편대로 비행을 하면 혼자 비행할 때보다 약 70% 정도 빠른 속도를 낼 수 있다고 한다. 이 얼마나 놀라운 일인가! 이는 서로의 희생과 배려가 있었기에 가능하다. 서로 희생하고 배려하는 철새들의 모습에서 서로를 보호하는 리더십을 우리는 배워야 한다. 어떤 공동체에서든 리더의 자리는 자신을 위한 것이 아니다. 공동체를 보존하기 위한 희생의 자리다.

　무리가 날아오던 방향에서 흐트러지려 하거나 확장할 때, 철새 우두머리는 자신의 방향을 고집하지 않고, 무리가 형성한 새로운 대형의 꼭대기로 이동한다고 한다. 그런 다음 무리가 가는 방향을 따라가다가 자신이 선택한 방향으로 조금씩 미세하게 조정하면서 목적지를 향해 나아간다. 이때는 전혀 서두르지 않는다. 그리고 혼자 하지도 않는다. 참 대단한 인내심이다.

　철새들이 내려앉기에는 저수지가 작은지 몇 마리가 푸드득 날아오르자 무리 전체가 따라서 저쪽으로 다시 날아간다. 성주 쪽으로 가려는지 창원 쪽으로 가려는지 월광수변공원 뒷산으로 넘어간다. 아마 저 어디쯤에서 철새의 낙원을 찾아 겨울을 날 것이다. 이번에도 한 치의 오차 없이 찾아낼 것이다.

길

 인적이 드문 산 중턱인데 더 올라갈 길이 보이지 않았다. 아무리 찾아도 길이 없어 그만 내려가야겠다고 마음먹으니 아쉬워서 주춤주춤 멈칫거렸다. 그러다가 더 오르기로 작정하고 사방으로 뒤엉킨 나뭇가지를 이리저리 헤쳐 가며 길을 만들며 걸음을 옮기다 보니 거짓말같이 정상에 도착했다.

 그렇게 길을 만들며 걷다가 보니 고은 시인의 시 「길」이 생각났다. "길이 없다/ 그리하여/ 길을 만들며 간다" 인생이 그렇다. 이미 만들어진 길이 있다면 당연히 그 길을 따라갈 것이다. 하지만 꿈이 있는 사람이라면 길이 없으면 자기 스스로 길을 개척하려 들 것이다. 게다가 주위에서도 도전하라고 응원하고 격려할 것이다. 보통 자신의 길을 올곧게 가는 경우 위기에 봉착해도 포기하지 않고 타개책을 마련해 도전을 계속하게 마련이다.

 모든 일에서 누군가가 앞장서서 길을 열어준다면 얼마나 좋을까? 하지만 그럴 수 없다. 현실적으로 무임승차하는 경우는 거의 없다. 하나의 일이 발생할 때마다 스스로 길을 만들어 가는 게 우리 인생이다. 이런 게 사는 의미이자 보람이 아닐까?

흙수저와 금수저 운운하는 것은, 어쩌면 생의 패배자인 루저 loser들의 신세 한탄에 지나지 않는다. 길을 만들며 걸어본 사람은 숟가락보다 숟가락의 질이 더 중요하다는 것을 안다. 게다가 밥맛도 안다. 그리고 스스로 개척한 길에서 흘렸던 땀방울이 만들어 낸 결실의 참된 의미도 꿰뚫고 있다.

실패는 성공의 어머니라고 한다. 살면서 수없이 겪었던 실패를 돌아보면 그 원인도 정확하게 짚어내 반면교사의 거울로 삼기도 한다. 이런 맥락에서 실패는 성공의 어머니라는 말이 맞는 말이 아닐까. 어찌 보면 실패는 성공을 위한 준비 같기도 하고, 때로는 훈련과정 같기도 하다. 하지만 실패를 피할 수 있다면 가능한 한 피해야 한다.

인생에서 진정한 의미를 주는 결정을 내려야 할 때는 언제나 새로운 가능성을 내포한 기회가 주어진 바로 그때다. 나는 이런 취지에서 새로운 가능성을 발견하기를 즐기기 때문에 어떤 일이든 모든 가능성을 열어놓고 미리 대처한다. 그리고 머릿속에 새로운 생각이 떠오르는 순간부터 최선을 다해 계획하고, 빈틈없는 방안을 마련한다. 그렇게 하지 않았다면 지금쯤 어땠을까? 상황을 따져보고 주변 사람들 눈치를 살펴보느라 앞으로 나아가지 못해 아마 평범한 일만 반복했을 게다.

남의 시선을 의식하며 사는 웅크린 삶을 진정한 삶이라고 부를 수 있을까? 주위의 적지 않은 사람들이 나에게 남을 의식하며 처신하라고 조언하기도 한다. 도전과 성취에 관한 한 이런 자세는 다분히 문제가 있다. 아무것도 하지 말라는 뜻과 진배없으니까. 이런 삶은 의미 없는 삶이다. 살면서 창피를 당하지 않으려면 아무것도 시도하지 않으면 된다. 아울러 실패하지 않으려면 그냥 가만히 있으면 된다. 왜냐하면, 도전도 시도도 하지 않으면 창피함도 실패도 없다. 멈추지 않고 일하며 성장을 계속하기 위해서 꿈에 그림을 그려 넣으며, 새로운 계획과 늘 맞서 나아가는 것이 나의 삶이다.

사람은 관계가 가까우면 상처받기도 쉽다. 그래서 대개 가족끼리 주고받는 상처가 많다. 한편 충고에는 자기희생이 따른다고 하는 모양이다. 이런 까닭에 친한 사이일수록 함부로 충고하지 않는 게 좋을 법하다.

지겨운 코로나19를 견뎌낸 우리를 위로하려는 듯 분홍빛 벚꽃이 피어나고 있다. 새봄의 싱그러운 소생처럼 우리의 삶도 그랬으면 하는 간절한 바람이다.

강아지 꼬리와 고양이 꼬리

재미

일이 철학이다

어떤 가치

강아지 꼬리와 고양이 꼬리

운무

자연치유-생태 힐링

다시 들리는 새소리

전염병이 남기고 간 것

후진기어와 전진기어

음력과 양력

재미

 계곡의 물이 거침없이 흐른다. 앞서 흐르는 물의 꼬리를 잡으려는 듯 빠르게 포물선을 그리며 요란한 소리로 부산하게 흐른다. 마치 술래잡기 놀이하는 아이들이 술래를 놓치지 않으려 잽싸게 따라잡듯이 흐르는 물도 꼬리를 놓치지 않으려고 빠르게 따라잡는다.

 여름이다. 진한 녹음이 햇빛을 받아 반짝인다. 그 안에는 강렬한 힘이 흐르고 있다. 산 깊은 곳에서 힘차게 흘러내리는 물은 마치 재미에 푹 빠진 마음 같아 보여 오늘 오긴 잘 왔나 싶다. 나뭇잎에 튕긴 물방울이 햇빛에 비쳐서 반짝이는 그림처럼 빛나고, 물줄기는 작은 포물선을 그려 졸졸졸 앞 물을 따라잡으며 재미있다는 듯 깔깔 소리를 낸다.

 뭐든 재미있으면 마음이 자유로워진다. 나는 일이 참 재미있다. 재밌게 일하는 것이 이유이기도 하다. 일 속에 목표가 세워지고 희망이 이루어지기 때문에 재미있다. 뭐든지 이루어지는 순간에 재미를 만끽한다. 보는 이들도 즐겁다. 재미가 있으면 일이 막히지 않고 자유롭다. 억압되지도 않고 어떤 것에도 제약받지 않으니 자유로울 수밖에. 이 재미는 자연스럽게 길을 찾아 흘러왔다. 생명의 힘과 같다. 힘이 넘치면 머물지 않고 계속해서 도전하게 된다. 힘의 흐름은 때로 조금씩 헤매기도 하지만 결국에는 제 길을 찾아 앞으로 나아가게 한다. 게다가 재미까지 붙으면 열정에 불을 붙인다. 그리고 정체되지 않는다. 이것이 재미의 특성이자 열정의 속성이다. 때로는 어려운 상황에 부딪혀도 재미만 있다면 물이 끝없이 흘러가듯이 어떤 고비도 극복할 수 있을 것이다. 물이 머물지 않고 흐른다면 그 끝에는 항상 새로운 발견과 경험이 기다리고 있을 것이기 때문이다.

 삶도 마치 계곡의 물처럼 힘차게 끊임없이 흘러가야 한다. 머물지 않고 흐른다면 남은 인생 이모작도 멋진 작품이 될 것이다. 열정이 있으면 절대로 머물지 않는다. 모두가 자신의 일을 즐기면 모든 게 순환되고 확장되게 마련이다. 흥미로운 점은 팀워크가 좋으면 일이 더 재미있다는 것이다.

 일이 잘되면 "손발이 척척 맞는다."라고 표현한다. 올여름 직원들과 함께 정원을 꾸밀 때 그랬다. 목표를 세우고 그것을 이루기 위해 함께 노력할 때 얼마나 즐겁던지, 머릿속에 구상한 것을 하나씩 실현해 나가는 데 모두 집중할 때 가장 큰 에너지가 나온다.

 매일 아침 마주하는 평범하고 소소한 일상이 어쩌면 무료할 수 있다. 하지만 항상 그렇지는 않다. 자칫 무료할 수 있는 일상이지만 거기에다가 열정을 쏟으면 기쁨과 행복을 찾고, 머릿속에 또 다른 그림을 그리게 된다. 그리고 기다림 끝에 그것이 현실로 나타날 때 마음속에 기적이 일어나는 듯한 느낌을 받는다.

CEO로서 맡은 책임과 업무의 무게는 어마어마하다. 많은 이들이 볼 때, 그 무게에 참을 수 없는 지루한 삶을 산다고 생각하거나, 그저 그것만이 전부인 것 같다고 한다. 하지만 나는 매 순간을 모험으로 여기고, 무거운 책임 속에서도 긍정적인 에너지를 유지하는 방법을 찾아낸다.

나의 모험은 업무에서 시작된다. 회의에서 어려운 문제에 직면했을 때, 그것을 즐기는 법을 알고 있다. 어려운 문제를 풀어 다시 맞추는 퍼즐처럼, 그리고 언제나 문제를 새로운 도전으로 받아들인다. 그 점이 일상을 풍요롭게 만들어 준다.

나만의 취미와 관심사는 나를 지치게 만드는 업무에 대한 휴식이자 힘을 얻는 원천이다. 다양한 활동과 취미를 통해 업무에 대한 창의성을 불러일으키며, 일상을 재미있게 만들고 있다. 이것은 마치 나만의 작은 천국 같은 것이다.

어쩌면 지루하고 고단한 것으로 비춰질 수 있는 일상을, 즐기고 사랑하는 것으로 가득 채워놓고 있다. 이는 나만의 다채로운 색깔로 물든 그림과도 같다. 때로는 힘들기도 하지만, 그 모든 것이 일상을 즐기는 데 필요한 원동력이 되고 있다.

이런 삶을 살면서 자주 질문을 받는다. "어떻게 그렇게 할 수 있지?" 그러면 나는 "나에겐 일상이 모험이고, 책임은 나를 더 강하게 만드는 도구일 뿐이다."라고 말한다.

과중한 업무에도 불구하고, 나만의 삶을 즐기며 긍정적인 에너지를 높이는 것! 이것이 나만의 모험이자 나만의 재미난 CEO 삶이다.

일이 철학이다

"땀을 닦을 사이도 없네요." 바람에 땀이 저절로 마른다. 허리를 펴고 보니 밭고랑을 많이도 정리했다. 해 뜨기 전의 이른 새벽에 일어나는 이유는 하고 싶은 일을 빨리 하고 싶어서다. 일 욕심 때문에 매일 그날 할 일을 생각하며 기대와 흥분으로 설레며 재단으로 달려온다. 그리고 해가 밝아오기 전에 신나게 일을 시작한다.

텃밭 일을 대충 마치고 훤히 날이 밝아오면, 너할 수 없이 상쾌하고 기분이 좋다. 잠이 아까워 새벽을 기다리는 내 모습에 어떤 이들은 "일 중독입니다."라고 말한다. 하지만 그렇지 않다. 이것은 행복이라고 말해 주고 싶다. 좋아하는 일에 몰입하는 것이 행복이지 어찌 중독이라고 할 수 있는가.

주어진 일에 열정으로 몰입했더니 행복이 찾아왔고, 그 행복이 다시 열정으로 변해 일에 몰입되게 만들었다. 그런 가치관을 이해 했는지 이제 사람들은 "언제나 희망차 보인다."고 말한다. 이 말이 참 좋다.

노동은 삶의 보람으로 확장되는 길이다. 그래서 지금도 아침이면 일찍 일어나고 싶다. 자연환경을 가꾸고 숲이 우거지면 새가 날아오듯이 금화동산에 사람이 모여들어 모두 행복해지길 바라며 아름다운 환경을 가꾼다.

아름답게 꾸미며 가꾸는 일은 노동이 아니다. 철학이다. 그런데 노동이라고 해도 좋다. 일, 즉 노동은 내가 제일 잘하는 분야이기도 하다. 신이 나서 일에 몰두하다 보면 자신감이 붙고 목표가 이루어지면서 또다시 에너지가 되어 또 다른 목표와 그것을 이뤄낼 아이디어가 만들어진다. 일에서 삶의 가치를 느끼고 일에서 자존감을 확인한다. 그래서 일은 중독이 아니라 삶의 보람으로 확장하는 길이다. 행복을 찾아가는 길, 성공에 이르는 길, 희망을 거머쥐는 길이다.

신기하게도 끊임없이 생각하며 일을 한다. 그리고 누군가 왜 하느냐고 묻는다면, 일은 삶의 의미라고 말해 주련다. 노동은 언제나 내게 성취감을 가져다줬다. 그리고 일은 삶의 보람을 확장하는 통로가 되어줬다. 그래서 나의 삶에서 일은 가장 중요한 원동력이다. 그렇다고 모두가 그런 것은 아닌 것 같다. 어떤 사람에게는 일이 고통일 수 있다. 아마 그들은 일이 주는 기쁨의 경지에 이르러 보지 못했기 때문일 것이다.

사람은 누구나 자신이 원하는 바가 이루어졌을 때 행복을 느낀다. 그렇게 되려면 먼저 자기의 일을 즐겨야 한다. 일을 먹고사는 문제로 생각한다면 일은 고달픈 생계가 되고 만다. 그런 가치관이나 철학으로는 아무런 삶의 의미를 찾을 수 없다. 때문에, 현재의 일에서 보람을 찾아야 한다.

 기도하는 마음으로 요양원 정원을 가꾼다. 그래서 더 즐겁다. 몸소 하지 않으면 비전이 있을 수 없어 공허와 불안만 커진다. 여름 한 달 불볕더위에 땀을 쏟아냈지만, 마음은 솜털보다 가볍다. 또 하나의 보람이 쌓였으니 이 더운 날 땀이 향기고 즐거움이다. 어르신들이 즐거우면, 보람 있는 일이 된다. 테마 있는 금화동산을 만들고 있다.

 산책길은 그야말로 스토리텔링과 힐링의 장소이다. 기증받은 우체통에는, 이런저런 사연이 담기리라. 아마도 그리움에 사무친 시간을 엮은 삐뚤빼뚤 꼬부랑 글씨로 적은 사연들과 지나간 세월의 흔적이 담기겠지! 그 사연들을 꺼내 어르신의 긴 하루가 짧아지길 바라며 방송으로 조곤조곤 읽어 드리면 귀를 열어 가슴에 담으며 젊은 날의 아련한 추억을 되살려보며 회상에 잠기시리라.

 전화통을 설치하면서 이런 상상을 했다.

 정적이 감도는 707호 할머니 방 전화벨 소리가 요란했다. "따르릉, 따르릉!" 얼른 수화기를 집어 드니 반가운 목소리가 낭랑하게 전해왔다. 이웃에 살던 할머니 전화였다. 이것저것 무척 궁금했던 모양이다. 속사포처럼 "요즘 뭐 하나요? 식사는 드셨나요? 아들은 언제 내려오는지요?"라며 이것저것 묻는 말에 대답하기에도 숨이

찼지만, 반가움에 싫지 않았다.
 이런 유형의 소통은 입소한 어르신들의 정신 건강에 무척 유익하리라는 생각이 든다.

어떤 가치

디딤돌 25톤을 트럭에 한가득 실어 와서 요양원 산책로를 만들었다. 공사하면서 삼복의 불볕 같은 더위도 거뜬히 이겨냈다. 반드시 해내겠다는 도전 정신이 삶의 에너지가 되는 것을 또 한 번 느낀다.

흔히들 묻는 말이다. "섬유를 하다 어떻게 유치원을 하게 됐나요?", "복지는 어떻게 하게 됐죠?" 하기야 남들이 가지 않은 길을 걷고 있으니 의아했을 것이다. 어떤 범주에 안주하지 않고 끊임없이 새로움을 추구하고 도전하며 변화를 모색하며 걸어온 길을 스스로 생각해도 신기하다.

더 나은 내일을 갈망하는 마음 하나로 여기까지 왔다. 절대 쉽지 않은 형극의 길이었다. 실패하기도 하고 남들 몰래 눈물을 삼켰던 시절도 있었다. 그 시절로 돌아간다면 다른 선택을 했을까? 아마도 지금과 똑같이 했을 것이다. 그런 도전은 현재 진행형이다. 원래 도전은 멈추지 않아야 하고 도전은 선택하는 자만이 할 수 있다.

보통은 한 가지 도전이 끝나면 그 상태에서 안주하려 한다. 그렇지만 나는 현재에 안주하지 않았다. 언제나 그렇듯이 더 높은 목표를 향해 도전하는 것이 삶의 철학이기도 하다. 기도하는 마음으로 일한다. 나이가 들수록 비전과 꿈이 있어야 한다. 비전과 꿈이 없다면 남들처럼 그저 그런 삶에 머물 수밖에 없다. 도전과 변화는 두렵고 힘들 수도 있다. 도전 자체가 즐겁기보다 두렵고 힘들기만 할 것이다. 하지만 도전은 살만한 삶의 의미를 안겨준다. 따라서 미래에 대한 꿈과 비전이 확고하게 정립되어 있다면 안주하기보다 도전을 선택해야 한다.

이런저런 고민을 많이 하는 편이다. 예를 들면 어떤 가치를 삶 속에서 만들어내고 싶은지에 대하여 생각에 생각을 거듭하면서 추구하는 열망은 무엇인지에 대한 고민 같은 것이다. 그러나 이 같은 고민의 결과는 내게 대부분 긍정적으로 새로운 도전의 모티브가 되는 경우가 허다하다.

공사장에서 우연히 발견했던 보도블록도 그런 예이다. 무더운 여름날 뙤약볕이 내리쬐는 도로에 방치된 것은 보통 사람에겐 골칫거리에 지나지 않았을 것이다. 이런 폐자재를 재활용하려는 나의 긍정적인 사고는 지난날 수많은 고민을 통해 터득한 긍정의 힘 덕분이다.

남들의 눈에 폐기물이 분명한데 내 눈에는 훌륭한 자재로 보여 망설임 없이 25톤이 넘는 디딤돌을 요양원으로 옮겼다. 나는 횡재한 것처럼 신이 났다. 게다가 이글거리는 불볕더위에 작업했지만, 아무렇지도 않았다. 다만 보도블록을 이용해 요양원이 좀 더 자연 생태 환경으로 탈바꿈했으면 하는 바람뿐이었다. 처음 도로 공사장에서 걷어내고 있는 보도블록이 선물처럼 느껴졌다. 그런 마음 때문인지 30톤 아니 40톤이라 해도 하등의 문제가 되지 않을 성 싶었다.

  보는 순간 '저걸 가져다가 우리 요양원에 깔아 놓으면 휠체어가 편안히 다닐 수 있겠구나.'라는 생각뿐이었다. 그래서 25톤 덤프트럭으로 실어 왔다. 요양원 마당에 벽돌을 깔았다. 어린 시절 배운 목수 일이 이처럼 요긴하게 쓰일 줄 몰랐다. 어르신들이 다닐 휠체어 산책길을 내고, 전화박스에 사랑을 담고, 포토 존Photo zone에 추억을 담았다. 함께 삽을 들고 연장을 들고 나만큼 직원들도 신바람이 났다. 한 달간의 작업으로 관절에 통증이 찾아왔지만 즐거웠다. 팔다리 욱신거려도 새로운 도전으로 기쁘기만 했다.

  어쩌다 보니 어느결에 세월이 흘러 이순의 중반에 이르렀다. 좀 더 지나 일흔, 여든, 아흔이 되어도 도전을 멈출 생각이 없다. 비전이 있고 꿈이 있는 한 계속될 것이다. 꿈의 금화동산과 함께….

강아지 꼬리와 고양이 꼬리

 어느 날 우리 강아지 푸른이와 귀여운 고양이 금화가 마당에서 마주쳤다. 처음에는 푸른이가 꼬리를 흔들며 기쁜 모습으로 금화를 맞이했다. 하지만 금화는 푸른이를 쌀쌀맞게 무시하고 정원의 중앙을 점령했다.

 잠시 뒤 상황은 급격히 악화하기 시작했다. 푸른이가 꼬리를 꺼내 보며 높이 쳐들고 까불거렸다. 금화는 발톱을 드러내며 발길질을 하면서 자신의 영역을 지키려고 했다. 곧 푸른이와 금화는 적대적인 대치 자세로 맞서 서로에게 경고하며 거리를 좁혀갔다.

 화들짝 놀라 시동 걸던 차에서 내려 둘의 싸움을 물끄러미 지켜봤다. 마침내 푸른이와 금화는 위험한 상황으로 치달았다. 싸움을 말릴 요량으로 곧바로 푸른이를 안으로 데려가려 했지만, 금화가 선수치고 달려와 안길 준비를 했다. 한발 비켜서서 상황을 지켜보던 옆집 할머니가 더 큰 사달이 나기 전에 이들의 충돌을 막으려고 나섰다. 할머니는 푸른이와 금화를 각각 제집으로 데려다 놓고 정원으로 나오지 못하게 했다. 평상시에 제집에 오래 머물지 않던 녀석들이라 걱정은 되었지만, 약속 시간이 지난 터라 서둘러 외출했다.

외출에서 돌아온 한참 뒤 푸른이와 금화를 밖으로 나오게 했다. 그리고 다시 각각 제집에 가두기를 반복했다. 이렇게 대처하여 푸른이와 금화의 싸움은 피할 수 있었다. 그 후 푸른이와 금화는 언제 다투었느냐는 듯이 다정하게 놀았다.

'멍멍멍', '야옹야옹' 큰 소리를 내지 않고 조용조용 응얼대며 꼬리를 물었다가 놓고는 함께 어우러져 뒹굴며 평화롭게 놀았다. 며칠 전까지만 해도 앙숙이었는데 오늘은 죽이 잘 맞는 단짝 친구 같다. 이 녀석들도 비 온 뒤에 땅이 굳듯 이전보다 훨씬 돈독한 사이로 발전한 것 같아 신기했다.

갈등이 발생하면 전화위복의 기회가 될 수 있다. 갈등은 종종 상호 이해와 신뢰를 높일 수 있으며, 새로운 관계 설정의 실마리가 되기도 한다. 이를 통해 인간관계 개선을 촉진할 수 있다.

갈등을 피하는 것만이 능사가 아니다. 따라서 때로는 직접 대면해 상대방과 관점을 정확하게 파악하는 쪽이 갈등 해결의 첩경이 되기도 한다. 상호 간에 의사소통을 원활하게 하여 이해를 높이면 심각한 갈등도 효과적으로 해결할 수 있기 때문이다.

대부분의 갈등은 서로 다른 해석이나 견해에서 발생한다. 마치 교통 신호등의 황색 신호에서 내가 멈춰야 하는지 아니면 가야 하는지 혼란스러울 때가 있는 것처럼 교통법규에 따르면 황색 신호는 정지해야 하는 상황을 나타낸다. 하지만 이미 교차로에 진입한 경우에는 신속히 진행해야 한다.

 같은 이치로 마당에서 뛰노는 개와 고양이도 서로 다른 신호를 주고받으면서 갈등을 일으키곤 한다. 개는 반가우면 꼬리를 흔들고 환영의 신호를 보낸다. 하지만 고양이는 강아지의 꼬리 움직임을 긴장의 신호로 해석하여 충돌이 발생하기도 한다. 이처럼 갈등은 종종 상호 간의 욕구와 의도를 잘못 해석함으로써 발생한다. 그런데 요즘 개와 고양이가 뒹굴며 서로 사이좋게 지내는 걸 보면, 둘이 상대방을 이해하여 갈등의 요인을 풀었나 보다.

 갈등에 적극적인 자세로 부딪히며 해결하려 노력하면 문제 해결의 첩경을 찾을 수 있다. 비가 온 후 땅이 굳어진다는 속담처럼 갈등을 통해 더 나은 이해와 신뢰를 구축할 수 있다. 어쩌면 갈등은 개인적인 성장과 공동체 발전을 위한 필수적인 단계일 수도 있다. 또 갈등은 변화와 새로운 발전의 실마리를 제공하기도 한다. 역설적으로 갈등은 내부적인 갈등이든 외부 갈등이든 '너와 나' 모두에게 전화위복의 계기를 제공하기도 한다.

 강아지와 고양이가 다툼 후에 벗이 되는 것을 보면서 갈등이 전화위복의 기회가 되기도 한다는 사실을 다시금 깨닫는 계기가 되었다.

운무

   근력을 키워볼 요량으로 대구 달성군에 자리한 '배바위산'을 찾았다. 생각보다 높고 가파른 산이라 오르기가 쉽지 않다. 게다가 오후에 올라왔기에 어둡기 전에 서둘러 하산해야 한다. 목적지는 정상 정복이다. 이곳은 맑은 영감을 준다고 하여 사람들이 많이 찾는다. 원래 바위의 모양이 배를 닮았다고 '배바위'라는 이름이 붙여졌다고 전해지고 있다.

   산등성이를 반쯤 지났을 때 지팡이를 짚고 지나는 아주머니 한 분이 "어디 가요, 등산 왔는교?"라고 물었다. 그래서 '배바위'로 간다고 답했다. 그러자 반갑다는 듯이 "이쪽으로 따라오이소." 하더니 앞장섰다. 한참을 가다가 지팡이로 왼쪽의 솔숲을 가리키며 "목 좀 축이소."라고 한다. 무엇인가 싶어 지팡이가 향했던 쪽을 자세히 살펴봤더니 소나무에 반쯤 가려진 조그마한 옹달샘이 보였다. 지쳤음에도 뛰다시피 얼른 다가가서 마른 목을 축였다. 아! 상큼, 달콤, 청량했다. 어떤 말로도 표현할 수 없는 맛이고 기분이었다.

산 깊은 곳, 바위틈에서 가는 물줄기가 졸졸 흐르고 주변에는 청토가 파랗게 끼어 있어, 마치 늪 같았다. 이 깊은 곳에 이런 것이 있다니 신기하다. 목을 축인 뒤에 다시 오르고 꺾고 돌고 또 돌아 오르는 길은 마치 구도자의 수행 길처럼 험준했다.

얼마 동안 헉헉대며 오르다 보니 드디어 '배바위'가 눈앞에 나타났다. 뒤쪽의 큰 바위들은 마치 수도원의 수호신처럼 듬직하게 버티고 서 있다.

아주머니들이 라이브로 성가를 들려줬다. 잘 훈련되고 다듬어진 목소리는 아니지만, 간절함이 묻어났다. 여기에 오르는 사람들의 가장 큰 목적 중 하나가 아닐까! 이곳에 찾는 이유 중에 가장 큰 것은 바위 위에서 소원을 비는 것인가 보다. 먼저 소원을 빈 사람들이 뒤에 온 사람들에게 자리를 비켜주는 모습이 무척 인상적이었다.

둘러보니 크고 작은 바위가 겹겹으로 싼 바위산이다. 여기가 바로 '배바위'다. 산의 높이는 846m로, 최정산과 붙어있었다. 산 정상 위에서 바라본 풍경은 가히 절경이다. 구름과 안개가 어우러져 누구도 흉내 낼 수 없는 아주 멋진 그림을 그려내고 있다. 하늘과 땅이 만나며 펼치는 신비경에 모든 시름과 걱정도 눈 녹듯이 사라지는 기분이다. 이보다 더한 황홀경은 산 정상에 길게 걸쳐있는 운무雲霧다. 그 운무는 마치 그림 같은 아름다운 날개를 펴고, 자신만의 세계에 머물러 있는 듯하다. 마치 꽉 닫아걸었던 마음의 빗장을 활짝 열어젖히게 하면서 평화와 희망을 나누어 주는 존재 같다. 이러니 세상의 시름을 해결해 주는 것이 아닐까?

날개를 넓게 펴고 하늘 위에 높이 떠 있는 운무는 꿈과 염원을 품고 희망을 향해 끝없이 도전하는 모습과 닮은꼴이다. 산 정상 위에 거대하게 펼쳐졌던 운무가 서서히 산허리를 덮어 주고, 솔숲에 자리한 작은 옹달샘을 가려주고, 나무들을 잠재우고 있다. 그런 이치를 깨달은 순간 세상의 모든 시름과 어려움을 대하는 생각이 달라졌다. 모든 난제와 어려움은 내면에서 비롯되기에 해결의 열쇠도 거기에서 찾는 게 순리로 여겨졌다.

정상에 올라 세상을 다시 본다. 산을 좋아하는 나에게 산은 또 답이 된다.

우거진 풀숲에서 벌레들이 '찌르륵 찌륵찌륵' 저녁 채비로 분주하다. 서둘러 내려가라는 소리인 것만 같아 어두워지기 전에 발길을 돌려야 했다.

아쉽다. 바위산 정상으로 이어진 탁 트인 청정한 별천지, 다디달고 청아한 산바람, 맑은 계곡물의 속삭임을 뒤로하고 휘적휘적 집을 향했다. 짧은 산행임에도 불구하고 그동안 쌓인 체증이 싹 씻겨 내려가듯 후련했다.

자연치유-생태 힐링

도시에 생태정원이 필요한 이유는 우리의 건강과 직결되기 때문이다. 게다가 요즘 자연환경 위기로 생태 힐링 열풍이 부는 이유도 우리의 건강 때문이다.

하버드 대학 병원에서 환자들을 대상으로 생태치료 실험을 했다. 자연경관을 보는 환자그룹과 자연경관을 볼 수 없는 그룹으로 나눠 회복 속도를 측정한 결과 창밖 숲을 본 환자그룹이 빠르게 회복되었다는 보고이다.

건강한 사람도 수목원이나 산을 오를 때 많은 것을 보고 느끼면서 마음의 안정을 찾게 된다. 자연은 사람의 몸을 치유할 수 있는 신비한 능력을 품고 있기 때문이다. 최근 현대인들의 새로운 건강 증진과 질병 치유의 방법으로 생태 힐링이 부가되고 있다. 그러나 사람이 자유롭게 다닐 수 없다면 그 경험에도 한계가 있다.

일요일 오후 늦은 시간 주암산 배바위를 등산했다. 가파른 산을 오르며 땀을 흘리고, 솔향을 맡으며, 날숨 들숨을 들이마시니 자연과 하나 되고 켜켜이 쌓였던 피로와 스트레스가 한꺼번에 사라졌다. 그래선지 머리가 맑아지고 정신이 밝아졌다.

요즘 사람들이 최고로 꼽는 취미생활은 바로 등산이다. 일 년 사계절을 품은 우리나라는 풍광이 아름다운 금수강산을 가지고 있다.

산림청에 따르면 우리나라 국민 5명 중 4명이 일 년에 한 번 이상 등산을 한다고 한다. 얼마나 많은 사람들이 산과 숲을 비롯해 자연을 즐기며 사랑하는지 미루어 짐작할 수 있는 방증이다. 그러나 도시의 분주한 일상은 산을 향하고픈 인간의 기본 욕구마저도 용납지 않는 경우가 허다하다.

생태 치유가 현대인의 힐링으로 강조되는 것은 자연 생태계의 모든 생명체가 인간과 연결되어 심신을 치유하며 정신을 맑게 하기 때문일 것이다. 생태 힐링은 자연을 직접 체험하며 충분한 시간을 보내면서 이루어진다. 비록 산이나 들을 비롯한 숲이 아니더라도 생태정원에서도 얼마든지 생태 힐링은 가능하다. 어르신들이 산, 강, 바다에 직접 갈 수 없어도 생태정원에서 건강한 삶을 계속 유지해 갈 수 있다는 사실에 주목할 필요가 있다.

웰빙과 힐링 그리고 복지를 한 곳에서 해결할 수 있는 생태정원에서 하는 생태 힐링이 하나의 예이다. 생활 시설에 거주하시는 어르신들은 대부분의 여가를 텔레비전 시청으로 보낸다. 이런 유형의 생활방식에서 과감하게 탈피하여 육체적 활력, 정서적 행복, 사회적 유대감 등을 증진하면서 자연을 벗 삼는 어르신의 힐링 환경 조성이 필요하다.

현대는 편의주의 시대다. 사람들이 제각기 자기 편의대로 살아가는 세상이지만, 우리는 자연보호, 자연생태에 관심을 둬야 한다. 건강한 개인과 사회를 위해 도심에서도 생태계와 융합된 건강 장수 힐링에 관심을 둬야 할 때다.

계절의 여왕이라는 신록의 5월이 되니 정원의 꽃들이 참 아름답다. 치매냐 아니냐 상관없이 어르신들이 복지관 정원에서 가정의 행복을 누리신다. 내 집 앞마당에서 나무가 자라고 꽃들이 피고 새들이 날아다니는 것을 보는 것처럼 즐거워하신다. 돌에 나무를 붙여 기른 분재를 보고, 텃밭에 기어 다니는 개미를 보고, 황금색 작은 금붕어가 노니는 연못의 물소리를 들으며 '내 집이구나.'라고 느낀다.

매일 조석으로 정원에 심긴 꽃에 물을 주는 것으로 하루를 열고, 닫는다. 꽃을 옮겨 심고 연못을 다듬으며 마음을 비우고 고요히 만물의 변화를 지켜보는 순간이 즐겁다. 고목의 우듬지에 돋아나는 새순, 다양한 수목의 아들아들한 연록의 잎새들, 피고 지는 금잔화, 참꽃(진달래), 흡이나무, 정원에 가득 자리한 식물들이 봄비에 빗물을 머금고 있다. 지나치게 많이 작업했던가 보다. 손목에 혈관이 부풀어 올라 신경을 건드려 손이 아파도 생태정원을 직접 가꾸는 작업이 내게는 힐링이다. 틈이 날 때마다 정원을 산책하며 애정을 쏟는다. 자연보호가 바로 사람을 사랑하는 것이라고 믿으면서 말이다.

다시 들리는 새소리

 "지지배배~" 소리를 들으며 창가에 앉았다. 고요가 깃든 이른 새벽에 새들이 지저귀는 소리가 조용히 앉아 있는 나를 향해 세레나데를 부르는 것 같다. 잠자리에서 눈을 뜨기도 전에 제일 먼저 들리는 게 새소리다. 오늘도 나는 어김없이 조잘대는 새소리에 이끌려서 거실 창문을 열었다.
 창문을 여는 소리에 창틀 바로 옆의 소나무에 앉아 있던 새가 놀랐던지 '푸드득 획~' 소리 내며 뒷산으로 날아간다. 숲에서 지저귀던 산새가 날아가는 모습에 주위의 다른 새들까지 날아간다. 이렇게 서로 놀란 새들이 연이어 이 나무에서 저 나무로, 하늘에서 하늘로 오르듯 난다.
 아침밥 먹기 전에 유산소운동을 할 겸 수목원 솔밭 길로 갔다. 수목원 사방이 풀, 흙, 물, 꽃, 나무 향기로 가득했다. 숲속에서 간간이 새소리가 들리더니 10분쯤 걸어 가운데로 들어오자 귀를 간지럽히듯 재잘거리기 시작했다. 계속 '지지배배' 푸드덕거리더니 등산객들의 발걸음 소리가 많아지자 새들이 놀란 모양인지 이곳저곳으로 날아가며 내는 소리뿐이었다. 문득 생각해 보니 등산객들도 부지런하고, 나무 위를 신나게 날아다니는 새들도 부지런하다.

새소리는 듣는 이에게 언제나 상쾌한 기분을 선사한다. 도시의 빌딩 숲에 사는 사람 중에 이 소리를 듣고 하루를 시작하는 사람이 얼마나 될까?

새는 자연환경 변화에 가장 민감한 동물로 꼽힌다. 그래서 새의 변화를 꿰뚫으면 자연환경의 변화는 덤으로 꿸 수 있다. 새들은 지저귀거나 서로 비비는 등의 몸짓으로 의사소통을 한다. 짝짓기를 위해 구애 소리를 내고, 누군가 침입자로부터 자신의 영역을 지키기 위해 소리를 내고, 적의 위치를 동료에게 알리기 위해 신호를 보내고, 먹이의 위치를 소리로 알리면서 서로 유대감을 형성한다. 새들끼리의 소통 방식이다. 또 새들은 자신의 싹의 위치를 확인하기 위해 종일 쉬지 않고 노래를 부른다. 그리고 그들은 자신들의 영토를 보호하기 위해 경고의 소리를 내기도 한다.

인간의 문명이 발달하고 거대한 도시가 되면서 점점 새들이 사라지더니 마침내 도시에서 새소리를 거의 듣기 어려워졌다. 돌이켜볼 때 새들의 종種과 소리는 토지 이용과 기후 변화로 인해 크게 변했다. 어느 순간 철새가 하늘을 나는 모습을 보기 어려워졌다. 이러한 변화가 암묵적으로 던져주는 화두는 사람이 환경오염으로부터 새를 직접 보호할 수 없다는 사실을 웅변하고 있다는 얘기이다.

유리창을 식별할 수 없는 새가 날다가 유리에 부딪혀 치명상이나 사망에 이르는 현상을 창문 충격window strike이라고 한다. 환경부와 국립생태원이 조사한 결과에 따르면 우리나라에서도 창문 충격으로 죽음에 이르는 야생 조류의 수가 매년 늘어나고 있다고 한다. 지금까지 건축가들은 현대인의 취향에 맞는 아름다움을 추구하면서 건물의 세련미를 우선시하고 생태 문제는 거의 도외시해 왔다. 이로 인해 생태계가 점차 파괴되고 새들이 죽어가는 등 심각한 위기가 발생했다.

　학자들이 수십 년에 걸쳐 녹음된 새소리를 분석한 결과, 새들의 지저귀는 소리도 환경의 변화에 따라 달라지는 것을 확인했다. 소음이 가득한 곳에서는 새들이 자신의 영토를 보호하고 보존하기 위해 찢어지는 소리를 낸다. 이에 비해 소음과 오염이 사라지면 안정되어 낮고 부드러운 목소리로 지저귄다는 것이다.

　최근 생태계에 고무적인 변화가 생겼다. 새들의 변화도 그중 하나다. 최근 들어서 개체수가 점차 증가하고 있다고 한다. 자연을 보호하려는 모두의 노력의 결과로 새들이 다시 돌아왔고, 새들이 지저귀는 소리도 편안하고 안정된 소리로 바뀌었다고 한다. 게다가 도심에서도 예전보다 새가 지저귀는 소리가 더 많이 들린다고 한다

　이제 우리는 자연을 향한 겸손한 마음을 가져야 할 때가 아닐까 싶다. '자연보호는 모든 인류의 복지이다.' 지저귀는 새소리에 심신이 상쾌해지는 아침을 계속 맞고 싶음은 지나친 과욕일까.

전염병이 남기고 간 것

 들어본 적도, 본 적도, 경험했던 적도 없는 팬데믹Pandemic 상황을 어느 날부터인가 겪고 있다. 생경한 경험을 하면서 마치 미지의 자연 속으로 던져진 것처럼 모두가 두려움에 떨고 있다. 팬데믹이 발생하기 불과 몇 달 전까지만 해도 단지 중국의 사건이나 단순히 위생 문제라고만 생각했다. 그래서 국내는 물론이고 해외까지 자유롭게 여행을 즐기면서 부사태평으로 일상을 즐겼다. 그런데 코로나19는 시답잖게 여겼던 천역天疫같이 무서운 괴질로 돌변하여 우리를 비롯한 전 세계를 혼란의 도가니로 만들어 버렸다.

 전염병이 퍼지면서 세상을 공포의 도가니로 몰아넣어, 모든 것을 혼란에 빠뜨렸다. 빨리 사라지길 바라는 우리의 희망과는 달리 지구촌의 사람들에게 엄청난 고통을 안기고 생명을 앗아갔다. 사람들이 사별의 아픔을 겪거나 거리 두기를 하고, 친구와 가족 사이에도 만남이 단절되는 등, 언택트Untact 시대가 열렸다. 이에 따라 기존의 대면對面[face to face] 사회에서 온라인online 비대면非對

面 언택트 사회가 열리는 긍정적인 문화도 탄생했다.

지독했던 괴질은 쉽게 막을 수 없고, 쉽게 떨쳐낼 수 없게 찰거머리처럼 찰싹 달라붙어 주변을 맴돌며 행패를 부려 집단적 공포를 불러일으키기도 했다. 우리 요양원에서도 어르신들과 직원들이 집단으로 감염되어 고통을 호소하기에 이르렀다. 그 두려움을 숨기기 위해 그것을 언급하지 않기로 했다.

이 괴질로 많은 사람이 생계를 잃었고 상실감을 경험했다. 그 어두운 질곡의 터널과 그림자는 한 치 앞을 내다볼 수 없는 칠흑 같은 암흑천지를 방불케 했다.

아기가 마스크를 쓰고 태어날 것이라는 웃지 못할 농담도 했다. 사람들은 어디에서건 무조건 마스크를 착용해야 했고, 사랑하는 가족과도 강제로 떨어져 생활해야 하는 비극도 발생했다. 사회적 거리 두기 규칙이 현실이 되었고, 세상은 언제쯤 정상으로 돌아올지 예측할 수 없는 불안한 나날의 연속이었다. 인간의 무력함과 나약함을 뼈저리게 깨닫게 한 기나긴 질곡의 3년이었다.

그러나 많은 두려움에도 불구하고 우리는 슬기롭게 견디고 버텨냈다. 수많은 의료진과 공공기관의 노력은 참혹한 현실을 슬기롭게 극복하게 했다.

이 끔찍한 전염병은 우리에게 많은 것을 가르쳐주었다. 인간이 얼마나 나약한지, 자연이 얼마나 소중한시, 우리가 자연과 얼마나 연결되어 있는지, 우리는 엄청난 희생을 치렀다. 그러나 인류는 늘 그렇듯이 이 재앙을 극복했다.

　전염병은 예측 불가능하며 통제 불능한 힘과 마주하는 꼴이다. 이제까지 경험해 보지 못한 새로운 병균이 나타날 때마다 인간은 무력함을 절감하게 될 것이다. 그러나 누구도 경험하지 못한 전인미답의 재앙이 닥칠 때마다 자연에 대한 외경심이 더해지며 우리는 진인사대천명盡人事待天命의 최선을 다하는 겸손의 미덕을 배우게 된다. 이런 관점에서 언제 어떤 재앙과 맞닥뜨려도 최선을 다해야 함과 생명과 자연을 소중히 다루어야 한다는 사실을 새삼스럽게 깨우쳤다.

　전염병은 우리 사회에 깊은 상처를 남겼다. 하지만 우리는 그로 인하여 돌발적 위기에 대응하고 새로운 방식으로 적응하는 지혜를 깨우치는 얻음도 있었다. 이러한 금쪽같은 경험은 우리에게 예기치 않은 어려움에 대처하는 방법을 깨우치게 하면서 삶에서 공동체와 연대의 중요성을 일깨워 주기도 했다.

후진기어와 전진기어

 후진기어를 넣고 전진할 수 없고, 전진기어를 넣고 후진할 수도 없다. 그런데 어떤 사람들은 자신이 후진기어를 넣은 사실을 모르고 앞으로 나아가려고 한다. 또 다른 어떤 사람들은 전진기어를 넣고서 곧바로 후진을 시도하기도 한다. 도전과 현실의 안주 사이에서 갈팡질팡하는 것이다.
 현실에 안주하는 사람들은 늘 같은 자리를 맴돈다. 하지만 도전하는 사람은 끊임없이 새로움과 마주할 수 있다. 이런 이유에서 꾸준히 도전을 시도한다. 달리 말하면 전진기어를 넣었기에 앞으로 나아간다. 일찍이 사르트르Jean Paul Sartre는 "인간은 정지할 수 없으며 정지하지 않는다. 현재 상태로 있을 때 가치가 없다."라고 일갈했다.
 나는 현 상태에 머무는 가치 없는 삶을 선택하지 않는다. 정지하는 것은 퇴보이기 때문이다. 마흔에 대학을 가게 된 것도 나의 인생 여정의 전진이었다. 중·고 과정을 검정고시로 마치는 것으로 만족할 수 없었다. 검정고시 통과로 고등학교 졸업장을 받았지만 거기서 끝낼 수 없었다. 지금 생각해도 대학에 진학했던 것은 살아오면서 결정했던 여러 도전 중의 으뜸이었다.

모처럼 들른 모교가 웅장하고 울창해졌다. 40대 늦깎이로 대학교 1학년으로 입학해 20대 새내기들과 함께 사회복지학을 공부하는 것은 기적과 같은 일이었다. 그들의 부모 나이뻘이라 어울려 동화되기 쉽지 않았다. 하지만 정규대학에서 교육받고 싶어 선택한 길이라서 의미가 특별했다. 매일 점심시간이 되면 "아저씨! 밥 사줘요." 또는 "이사장님! 점심 사줘요."라는 말을 들었다. 그렇게 어린 학생들이 아저씨 혹은 이사장 또는 사장으로 부르며 따라다니는 것이 귀엽기만 했다. 점심을 사주고 커피라도 하나 더 사주면 "감사합니다."를 연발했다.

그때는 어찌 그리 잠이 많이 오던지 생각만 해도 끔찍하다. 때문에, 대학 시절은 주로 '밥과 잠'이 회억回憶된다. 수업 시간만 되면 어찌나 잠이 오던지 옆자리에서 볼펜으로 꾹꾹 찌르거나 팔을 툭 쳐서 나를 깨워줬다. 그 학생과 지금도 친구로 지내는 걸 보면 별난 인연과 우정인 셈이다.

인생에는 마치 차의 후진과 전진과 같은 두 가지 행위가 있다. 전진과 후진은 삶의 여정을 표현하는 데 좋은 비유이다. 전진은 목표와 꿈을 향해 나아가는 것이다. 전진을 통해 앞으로 나가며 새로운 경험을 쌓는다. 아울러 목표를 향해 노력하며 성취감을 만끽하게 마련이다. 또한, 전진은 목표를 향한 힘과 열정을 의미하며, 삶의 방향이기도 하다. 거기에 뜻하지 않게 따르는 장애나 어려움은 오히려 도전 의지를 다지게 하는 계기나 원동력이 되는 긍정적인 효과로 순기능順機能을 하기도 한다.

  때로는 후진도 중요하다. 후진은 지난날 범했던 실패나 쓰디쓴 경험을 돌아보며 배우는 긍정적인 측면이 있다. 후진을 썩 좋아하는 편은 아니지만 이를 통해 과거를 정리하고, 어떻게 더 나은 미래를 만들어 나갈지 성찰하게 된다. 이런 관점에서 볼 때 후진은 우리에게 반성과 성찰의 기회를 제공하며, 무엇이 중요하고 가치 있는지를 일깨워 준다.

  전진으로 목표를 달성하고 나서, 후진을 통해 자신을 돌아봄은 삶의 균형추를 적정하게 유지하는 데 도움이 된다. 이들 두 가지 기능은 삶을 풍요롭게 만드는 묘약이 될 수 있다. 인생은 결국 후진과 전진의 조화와 균형이 필요하다. 다만 중요한 것은, 후진할 때 후진하고, 전진할 때 전진해야 한다는 것이다. 타성에 빠지지 않고 인생의 파이Pie를 키워나갈 지혜가 필요하다. 인생 2막 3막까지!

음력과 양력

　오늘이 정월대보름인데 주방에서 오곡밥을 준비하지 못했다. 그 사실을 뒤늦게 인지한 원장이 당황하여 "이사장님, 죄송합니다."라며 머리를 숙였다. 영양사는 "깜빡 잊었어요."라고 하며 어찌할 바를 모르고 서 있다. 게다가 그때 요리사가 달려 나와, 모든 게 자기 불찰이라며 또 고개를 숙였다.
　어르신들의 시간은 음력에 따라 흐르고, 젊은이들의 시간은 양력에 따라 흐르는데 누구를 탓하고 원망하랴!
　정월대보름은 오기일烏忌日 또는 상원上元이라고도 한다. 그런데 아무리 생각해도 예삿일이 아니었다. 그렇다고 음력을 기억하지 못하는 젊은 직원의 실수로 오곡밥 대신 평범한 아침 식사를 준비했다고 크게 문제 삼을 수도 없는 노릇이었다.
　우리 민족은 정월대보름을 매우 중요하게 여기며 전통을 지켰다. 특히나 어르신들은 이날을 각별하게 여기며 보름새기(음력 정월 14일 밤에 잠을 자면 눈썹이 센다고 하여 온 집 안에 불을 켜 놓고 밤을 새우는 풍속)를 하신다. 보름에는 오곡밥을 지어 먹으며, 아침 일찍이 부럼을 깨면 1년 내내 부스럼(피부병)을 예방한다고 믿어왔다. 또한, 귀밝이술을 마시고, 소원 성취를 빌고, 1년 농사가 잘 되기를 기원했었다. 부럼, 귀밝이술, 약밥, 오곡밥, 묵나물, 고사리, 무시래기 따위를 먹으며 건강을 기원했다.

어르신들께는 정월대보름을 잊는다는 것은 엄청난 사건인 셈이다. 살다가 이런 일이 있나 싶었으리라. 어르신들의 삶과 문화까지 송두리째 바꾸어 놓고 만 격이니 말이다. 그렇다고 젊은 요리사와 조리사만 나무랄 일도 아니었다. 세월이 흐를수록 음력이 퇴색한다는 사실이 유죄일 뿐이다. 이번 일을 겪으며 새로운 의식 변화가 일어나야 하지 않을까 생각했다.

우리나라의 모든 명절이 음력이다. 그런데 세상은 자꾸 변해 간다. 전통도 중요하지만, 오늘을 살아가는 현실도 중요하다. 얼마 전 한 중년 부인이 토로하는 하소연을 들었다. 그의 시부모님 제삿날을 매년 잊어버린다고 했다. 그래서 매년 긴장한단다. 제사를 음력 날짜로 기억할 수 없으니 당연하다.

우리는 양력과 음력을 같이 사용하는 민족 중 하나다. 분명히 양력 날짜가 모두 규칙과 법제적 효력으로 통용하지만, 사적 영역에서는 여전히 음력이 강세이다. 그나마 다행한 것은 세월이 지나면서 점차 이해의 폭이 좁혀지고 있다는 사실이다. 하지만 지금도 여전히 명절과 절기는 대부분 음력이다.

조상 제사를 음력으로 지내야 한다는 것도, 보름에 부럼을 깨고 오곡밥을 먹어야 한다는 것도, 젊은 세대에게는 부담이 된다. 이런 글을 쓰고 있는 나 역시 이순의 중반을 넘어가고 있음에도 생일이며 제삿날을 누가 알려 줘야 기억해 낼 수 있다. 지금까지 그렇게 살았다. 어쩌면 요즘 젊은 사람들처럼 사는 것이 현명할지도 모른다. 젊은 사람들은 양력에 따라 사니 우리 때와는 다른 세상이다. 이제 우리 문화도 조금씩 변화했으면 좋겠다.

달이 둥글게 뜨는 보름날을 기념하기 위해 가족이 함께 오곡밥을 먹으며 서로의 건강을 기원하는 날을 명절로 제정해도 좋을 성싶다. 올해는 코로나19 때문에 정월대보름 행사가 취소되어 아쉽지만, 어르신들을 일일이 찾아다니며 마음을 다독이는 요양보호사와 따스함으로 다가가는 복지사가 무척 고맙다. 모두가 함께하는 것이 얼마나 행복한 일인지를 생각해 보는 하루였다.

PX 방위병

물소리
꿈이 있는 자유
마음을 놓아 본다
상추가 금추
장맛비
고춧잎
진밥골
PX 방위병
회복탄력성
라떼, 나 때!

물소리

운전하다가 산길을 돌아 계곡으로 들어섰다. 작년 이맘때쯤 이곳에 왔던 기억이 났다. 그때와 다름없는 아름다운 풍경에 탄성이 절로 나온다. 차에서 내리자 어제 내린 비는 시원한 바람으로 바뀌어 얼굴을 스쳤고, 나무들이 속삭이는 소리가 들렸다. 우리의 삶이 자연과 끊임없는 대화임을 다시 한번 느낀다.

운동화를 벗었다. 주저하지 않고 양말도 훌러덩 벗었다. 돌돌 말아 올린 양말을 운동화에 넣어 바위에 올려놓고 발을 담갔다. 모심기할 때처럼 걷어 올린 바지를 물에 젖지 않게 한 손으로 움켜잡고 계곡으로 첨벙첨벙 들어갔다. 영혼을 맑게 해주는 계곡물의 청량감에 날아갈 듯한 기분이다. 발가락을 간질이는 올망졸망한 조약돌과 바닥에 박혀 발바닥을 마사지해 주는 둥근 돌들도 살가웠다. 며칠간 스트레스로 뻐근했던 머리가 상쾌해지고, 답답했던 마음도 풀리며, 한결 편해졌다. 자연이 고마운 치료사이다.

자연이 살아야 우리도 살 수 있다. 우리가 숨 쉴 수 있도록 빌려

주는 공기, 물, 땅, 생태 등 모두가 다 자연 안에 있다. 깊은 산에서 내려오는 물이라 그런지 거울처럼 맑고 깨끗하다. 그런 까닭인지 계곡의 바위틈에는 다슬기가 가득하고, 일급수에만 사는 것으로 알려진 작은 물고기들이 신나게 유영하고 있다. 보기만 해도 온몸에 활력이 넘쳐났다. 제대로 힐링했다.

여느 때보다 자연 속에서의 휴식이 필요한 세상이다. 그래서 휴일이면 사람들은 지친 몸을 달래기 위해 자연으로 달려가고 싶어 한다. 계곡의 물이 바위 사이로 폭포처럼 떨어져 치마폭처럼 넓게 퍼져서 흘러간다. 깊은 곳으로 걷고픈 욕심에 가운데로 들어갔더니 센 물살에 다리가 휘청대 쓰러질 것 같았다. 깜짝 놀라 가장자리로 걸어 나와 나도 모르게 안도의 한숨을 내쉬었다.

물 흐르는 소리가 정말 듣기 좋았다. 마치 다른 행성에 불시착한 것 같은 느낌이었다. 계곡 기슭에는 앙증맞은 꽃사과가 빨갛게 익어가고, 계곡 위 넓은 밭에는 산사과가 주렁주렁 달려 있다. 주인이 건네는 사과를 한입 베어 물자 새콤달콤한 맛이 나고 아삭아삭하게 씹히는 탄력이 있으며 단단한 과육의 식감이 좋았다.

나무들은 하늘 향해 가지를 뻗어 마치 힘자랑을 하는 장군들 같다. "10년만 더 젊었다면, 아…."라고 하며 후회할 찰나였다. 그때 푸른 나뭇잎이 바람에 흔들리며 노래하고, 새들의 지저귐이 온 숲속에 울려 퍼졌다. 이 모든 것이 마음을 진정시키고 숨통을 트이게 했다. 생각해 보니 물 흐르는 소리만큼 마음을 안정시켜 주는 소리가 또 있을까 싶다.

  계곡을 따라 흐르는 물소리가 그동안 쌓였던 시름과 스트레스를 모두 날려버렸다. 그리고 멈추지 말라는 듯 청량한 소리를 내며 계속 흘러 제 갈 길로 갔다.

꿈이 있는 자유

　초등학교 시절은 이제 꿈만 같은 옛일이 되어버렸다. 1964년에 입학했으니 57년 전쯤이다. 학교에서 일어난 모든 일은 즐거운 추억으로 남아 있다. 구구단을 외우지 못하고, 받아쓰기도 틀리고, 걸핏하면 단체로 남아서 공부하고, 친구들과 장난치다가 싸우고 나서 선생님께 막대기로 손바닥을 맞던 기억 등이 떠오른다. 그때는 무섭고 싫었는데 이제는 즐거운 추억거리가 되었다. 선생님이 학교에서 하던 일거수일투족이 신기했을 뿐 아니라 동경심이 절로 났었다. 그런데 그 시절이 점차 잊히고 있다. 친구들과 함께 학교 뒷산에 올라가 송충이를 잡고, 강가에서 피라미를 잡던 추억은 점점 가물가물해지고 있다.

　하지만 분명히 기억히는 것은 '교사가 되는 꿈을 꾸었고, 그 꿈은 꼭 이루어질 것이라는 확신'이었다. 그런데 올해로 대학교육에 참여한 지 7년이 되었고, 글로벌교육재단 창립 2주년을 맞이했다. 돌이켜보면 40대에 유치원을 개원하고 나서 20년이 지난 지금 글로벌교육재단을 보면서 어릴 적 꿈이 영화처럼 현실이 된 것에 놀랍다.

인생은 끊임없는 변화와 도전의 연속이다. 드높은 험난한 산을 오르려면 비지땀을 흘리며 숨이 차서 헉헉대기도 한다. 그런 어려움이나 난관을 극복하고 새로운 시작을 위해 과감하게 도전할 수 있다면, 그것이 바로 성취의 길이다. 한계를 넘어 글로벌교육재단에 발을 들여놓은 것은 어린 시절의 꿈과 열정이 어우러진 결과였다. 그 길에는 달콤한 열매가 있었지만, 눈물겨운 사연도 포함되어 있었다. 어떤 시련과 난관도 굳건한 의지로 이겨냈다. 그 순간들은 나의 인내와 노력을 증명하는 순간이었고, 그 시련을 딛고 얻은 경험은 어떤 보물보다 귀중했다.

처음에는 두려움과 불안이 가득했다. 게다가 이전과 전혀 다른 분야이기에 더 많은 용기와 노력이 필요했다. 우여곡절 끝에 교육 사업도 자리 잡아 가고 있다. 과거의 성공과 실패를 위시한 온갖 경험을 마중물 삼아 운영한 결과였다. 그래서인지 지금까지의 시간을 뒤돌아보게 한다. 힘들었던 기억들, 가파른 비탈과 바람 부는 길, 지쳐 허덕이던 순간들이 도전과 성장의 열쇠였던 것 같다.

인생은 혼자서 걷는 길이 아니다. 많은 이들의 지지와 격려 덕분에 험한 고빗길을 헤쳐 나올 수 있었다. 주위의 도움 없이는 여기까지 오지 못했을 것이며, 앞으로의 도전 역시 주위의 사람들과 함께할 때 의미가 있을 것이다. 그래서 인연이 닿았던 분마다 빠짐없이 마음에 새긴다. 아울러 그들을 기억하며 앞으로도 최선을 다하겠다고 다짐한다.

함께 일하며 일궈낸 추억이나 성취를 비롯해 어려운 순간에서의 지지와 성원, 도왔던 기억을 언제까지라도 소중한 자산으로 갈무리할 참이다. 그런 도움이나 성원이 모든 것을 가능하게 만든 원동력이었다.

오늘은 새로운 전환점이다. 글로벌교육재단 이전을 결정했다. 여태까지의 성과를 평가하고 미래의 가능성을 점검하는 시점이다.

교육 분야는 정말 힘이 많이 들었다. 그간 가슴을 조이는 일도 많았고, 남몰래 눈물과 땀을 숱하게 흘렸다. 그러나 일이 힘들수록 더욱더 강해지려고 부단히 노력했으며 새로운 도전에 대한 의지를 불태웠다. 그래서 감사함과 더불어 자부심도 느꼈다. 이런 과정을 거치며 한계를 넘어선 결과 오늘이 있다.

이제는 그를 바탕으로 더 나은 비전을 그리고, 더 큰 꿈을 향해 나아가려 한다. 두려움보다는 열정을, 불안보다는 자신감을 가지며 미래를 맞이할 요량이다.

번영을 향한 길은 항상 도전적이며 불확실하다. 하지만 그 길을 걷는 것 자체가 이미 큰 성취다. 과거의 경험과 지식을 바탕으로 새로운 시도를 하며, 두려움을 이겨내고 높은 목표를 향해 나아가는 것은 그 어떤 보상보다 큰 보람을 안겨준다. 결코, 짧지 않은 세상을 경험했음에도 아직도 미지의 영역을 갈망하며 도전을 계속한다. 그래도 도전에는 불안이 따르기 때문에 때로는 주저하기도 하겠지만 멈추지는 않을 참이다. 그렇게 다시 새로운 문을 열 것이다.

마음을 놓아 본다

"이겨내야지, 누구도 대신해 줄 수 없는 일 아닌가?" 이순을 훌쩍 넘긴 삶에서 대충 칠팔 할(割)이 어려웠던 것 같다. 그래도 누군가 강요했던 삶이 아니기에 기꺼이 감수할 수 있었다. 남들은 어떻게 생각할지 모르지만 나는 그런 삶의 무게를 은근히 즐기기도 했다. 오늘도 여느 날과 마찬가지로 삶의 무게를 가늠하며 하루를 열고 있다.

쉬고 싶었는데 마침 비가 내렸다. 넘어진 김에 쉬어간다고 이참에 휴식을 취하기로 했다. 사우나를 다녀오는 길에 카페에 들러 커피를 시켰다. 창문을 타고 흘러내리는 빗물을 물끄러미 바라보던 순간 불현듯 하는 일의 중요성을 되새겨보게 되었다. '왜 이해를 못 하는가?' 조금만 이해해도 따라올 일을 그렇지 못한 경우에 이해되지 않아 심적 갈등을 겪었던 적이 떠올랐다.

바쁘고 힘든 일상 속에서 굳건한 의지는 중요한 역할을 했다. 일은 보람이 있다. 하지만 무거운 책임감을 느끼기도 하고 때로는 불확실성 때문에 불안하기도 하다. 적정한 판단 기준이나 원칙이 없는 경우, 내 감각을 우선시하여 처리하게 마련이었다. 그런 순간에는 주변 사람들과 허심탄회하게 이야기 나누어 편향된 결정을 피하도록 노력한다. 그런데 실체를 제대로 이해하지 못해 오해할 때는 참으로 난감하다. 나 역시 완벽하지 않기에 다 수용해 달라는 것은 아니지만 말이다.

일하다 보면 다른 사람의 의견을 모두 수용할 수는 없다. 그런 경우 나의 답답함을 달랠 요량에서 이른 새벽 시간에 텃밭과 정원 가꾸기에 정성을 쏟는 경우가 종종 있다. 조용한 시간에 자신과의 대화로 마음의 평온을 찾으려 노력한다. 최선이 가장 좋다고 할 수는 없다. 지치고 아픈 이들을 위한 행동이 되레 주변을 힘들게 할 수도 있을 테니 말이다.

지치는 순간에는 자성의 시간을 갖는다. 이런 경우가 비로 마음을 놓아보고 싶은 순간이다. 이제 내려놓은 마음에 긍정과 희망의 씨앗을 심으며 더 많은 배움과 생각을 통해 좀 더 그릇이 큰 CEO로 거듭나기를 꿈꾼다.

'마음을 놓아본다.' 하늘에 구멍이 난 것처럼 쏟아지는 빗물에 휩쓸려 정처 없이 떠내려가듯 마음을 놓아본다. 갑자기 시간이 멈추듯 한순간에 깊이를 가늠할 수 없는 심연深淵으로 서서히 침잠沈潛하는 기분이다. 폭우는 하늘에서 격렬하게 춤을 추며 내리고, 이 땅의 모든 것을 유린하는 것 같은 기분이 듦은 왜일까. 하지만 무심히 떨어지는 빗방울은 내리막길을 따라 어디론가 제 갈 길을 찾아 흘러갈 뿐이다.

빗물은 마음을 씻어내고 새로운 감정의 씨앗을 심는다. 그 강력한 흐름을 따라 갇힌 마음은 해방되고 생명의 에너지로 충전시켜 놓아주듯 자유로워지고 새로운 여정을 시작할 준비를 한다. 마음은 폭포수처럼 쏟아지는 빗물에 넘쳐서 멀리 가듯이 서정의 영역으로 흐른다. 그곳에서 우리가 몰랐던 아름다움과 깊은 감동이 울려 퍼진다. 마음을 따라 흘러간다면 더 나은 세계를 만들어 갈 수 있을지도 모른다.

빗물이 폭포수처럼 쏟아지는 그 순간 마음은 은빛 날개를 펴고 멀리 떠나고 싶어진다. 비가 그치고 맑은 하늘과 젖은 대지가 하나로 어우러지는 그때, 우주의 작은 존재처럼 자연과 하나가 된 기분을 느끼고 싶다. 빗줄기가 심장을 두드려 마음의 문이 열리니, 어둠이 걷히고 선명해졌다. 빗물은 자유롭게 소리 없이 땅을 적시지만 감추듯 들리는 빗소리를 가슴 깊이 간직하고 싶다.

발걸음은 빗물을 따라 먼 풍경을 향해 빛나는 꿈을 안고 더 멀리 가려 한다. 비에 실려 가는 내 마음은 서정의 날개를 달고 작은 인간의 존재보다 더 큰 우주가 될 수 있음을 느낀다. 이렇게 빗물이 이어지는 순간, 마음은 자유로운 날갯짓으로 더 나아간다. 폭포같이 쏟아지는 빗물을 따라 멀리 나를 떠나보내는 마음은 서정적인 세상에 한 편의 시를 쓰고 싶은 욕망을 품고 있다.

상추가 금추

 "점심에는 무엇을 준비해야 하나?" 고민하면서 어쩌다가 내가 점심밥을? 이런 고민이 한없이 기분 좋다. 채소를 보면 채소를 먹이고 싶고, 된장이 맛있으면 된장찌개가 욕심나고, 고기가 맛있으면 주일 날 점심으로 대접하고 싶어진다. 평소 주방 출입을 하지 않다가 주방에서 두 손 걷어붙이고 일하는 내 모습을 보고는 "이런 모습이 낯설어~."라며 동생이 웃었다.
 텃밭에 상추가 가득하니 오늘은 상추로 해야지. 상추에는 상큼한 향이 가득 배어 있다. 비를 맞으며 뜯어다가 신바람 나게 흥얼대며 다듬었다. 조심스레 칼을 다루면서 깔끔하게 손질을 끝냈다. 한 잎씩 앞뒤로 돌려가며 더러운 부분을 제거하고 흐르는 물로 씻었다. 잠시 쉬려는데 외삼촌에게서 "부추 가져 가래이."라는 전화가 왔다. 곧바로 외삼촌 농장으로 차를 몰았다. 삼촌댁 텃밭에 진한 녹색의 부추가 소담스럽게 자라 있었다. 교회 식구들에게 나누어 줄 요량으로 열심히 베어내 정성스레 손질했다.

부추와 상추를 각각 여섯 봉지로 나눠 담아 차에 실어두었다. 지인들에게 나누어 줄 생각에 벌써 설레었다. 차 안에는 상추와 부추 향이 가득 배어있다.

비 내리는 새벽에 식사 준비를 하며 한없이 평온함을 느꼈다.

예배를 드린 후 교인들과 함께 먹는 점심에 내 손으로 씻은 상추가 한 상 가득히 차려질 것을 생각하니 흐뭇하다. 맛나게 먹을 것을 생각하니 신바람이 나고 즐거웠다. 나이가 적지 않음에도 이런 사소한 일들이 나를 행복하고 만족하게 만들어 준다는 사실을 새삼스럽게 깨달았다.

요즘 상추가 건강에 좋다는 얘기가 입소문으로 널리 퍼지면서 너도나도 즐겨 먹는 채소가 되었다. 지난 한 달 동안 아침마다 신선한 상추를 먹으며 하루를 시작했다. 어쩌다 보니 하루에도 몇 번씩 싱싱한 상추를 씻고, 간단한 샐러드로 먹거나 무침 등 다양한 방법으로 먹고 있다.

상추는 한국에서 가장 많이 먹는 채소 중 하나다. 쌈을 좋아하는 우리 음식 문화에 딱 맞다. 고기를 먹을 때마다 꼭 등장하는 단골손님이기도 하다. 특히 삼겹살과 상추는 환상의 조합이다. 고기를 먹을 때 고기를 주문하는 것보다 상추를 더 달라고 하는 경우가 많다. 횟집 단골손님도 상추다. 상추가 이렇게 인기가 많은 이유는 맛도 좋을 뿐만 아니라 건강에도 좋기 때문이다. 그렇다. 사람들은 상추를 비록 채소이지만 약효가 있는 것으로 생각한다. 고기를 먹을 때 상추를 곁들여야 균형 잡힌 식사를 할 수 있다.

꽃상추는 고소하면서도 약간의 쓴맛이 나는 것이 특징인데, 소화불량을 해소해 주고 인후 통증을 개선해 주는 효능이 있다고 한다. 보랏빛 적상추는 다른 상추들보다 잎이 좀 더 두껍고 피부 노화를 막는 데 도움이 된다고 한다.

아삭함이 남다른 대 굵은 상추는 시원한 맛과 함께 상큼함이 특징이다. 간혹 상추 대를 약처럼 생각해서 말려서 사용하는 사람도 있는데, 쓴맛과 흰색 진액은 불면에 좋아 잠이 오지 않을 때 많이 먹는다.

올해는 상추 가격이 올라 '금추'로 불린다. 그래서 고깃집 사장님은 고기를 상추에 싸서 먹는 게 아니라, 고기에 상추를 싸 먹는 꼴이 됐다고 말한다. 다들 비싸다고 하는 금추가 금화복지재단 동산 텃밭에 가득히 자라고 있다.

좋은 사람들에게 내가 심고 가꾸고 다듬은 금추를 마음껏 대접할 수 있어 기분이 좋다.

장맛비

　장마가 왔다. 비 올 때 정원은 더욱 생기 넘쳐난다. 빗방울이 하늘에서 내려앉으면, 그 순간부터 손길이 닿았던 꽃들이 춤을 춘다. 백일홍은 봉오리를 키우고, 금잔화는 꽃잎을 덧댄다. 잔디는 비를 맞을수록 진한 녹색으로 변한다. '서두르자.' 비가 다시 쏟아지기 전에 서둘러 일해야 한다. 잠시 비가 멈추었을 때 꽃모종을 옮기고 잔디를 옮겨야 빗물을 듬뿍 빨아들여 제대로 자리 잡는다.

　식물들은 빗물을 마시며 자연 그대로의 아름다움을 드러낸다. 그래서 장맛비가 내려도 쉴 여가가 없다. 정원을 아름답게 가꾸는 데 장맛비가 대수랴. 흙과 비와 꽃이 어우러져 은은한 향기가 가득한 정원은 마냥 향기롭다. 정원을 가득 채우는 풀과 꽃 그리고 나무 등의 향기는 애정의 결실이다. 이 같이 아름다운 정원을 방문하는 보호자, 오가는 직원, 외래 방문자 모두가 복잡한 현실을 잠시 접어두고 행복한 마음에 이른다면 더할 나위 없는 축복이다. 또한, 이 정원에 머무는 순간만이라도 "이쁘다! 곱다!"를 연발하며 감탄하고 행복했으면 좋겠다. 푸르고 싱그러운 잔디, 아름다운 꽃들, 늠름한 나무들이 그들의 마음을 넉넉하게 만든다면 함께 작업했던 직원들의 노고를 보상하는 축복이다.

정원의 수목들은 비 오는 날이면 해갈되면서 활기찬 생명력이 넘쳐난다. 행복과 미소를 안겨준다. 장맛비와 어우러지며 생기발랄해진 정원은 누군가에게는 삶의 의욕을 북돋아 주고, 누군가에게는 싱그러운 안식처를 제공한다.

장맛비 소식에 정원 가꾸기에 조급해진다. 빗속에서 일하다 보면 "비 맞지 마세요."라는 말을 사람들에게서 듣게 마련이다. 비에 흠뻑 젖은 채 일에 몰두하는 내 모습이 안쓰러울 뿐 아니라 건강을 해칠까 봐 염려되는 모양이다. 하지만 어쩌랴! 되레 비를 맞으며 일하는 것이 뿌듯하고 즐겁기만 하다. 어찌 생각하면 비를 맞으며 정원을 풍성하게 만들어 줄 수 있는 역할은 다른 사람이 대신할 수 없는 내 몫이기 때문에 피할 수 없는 일이다.

가뭄이 계속되면, 꽃들은 금방 말라버린다. 물론 잔디도 노랗게 변하고 나무도 시들시들해진다. 꽃과 잔디는 비 올 때 옮겨 심어야 하기에 기를 쓰고 작업을 하다 보니 주위의 염려와 걱정을 들을 수밖에 없다. 비가 며칠 계속되면 연이어 몇 날 며칠 동안 작업을 하기도 한다. 손톱 밑에 흙이 까맣게 끼어 영락없는 농사꾼 모습으로 변한다. 게다가 넓적한 손도 온통 흙투성이라서 공을 들여 씻고 또 씻어도 볼썽사납다. 하지만 이는 자연과 열심히 어울렸다는 징표 같기도 하다.

  삶이 어렵고 힘들어도 기필코 이겨낼 수 있어야 한다. 허튼소리로 시간을 낭비하지 않고 새로운 도전 의지와 불굴의 열정을 더더욱 쏟아 누구나 부러워할 풍요로운 삶의 정원을 일궈낼 각오이다. 지금까지 믿어왔던 신념이 무너지거나 꺾이지 않는 한, 비 오는 날 작업은 주위의 염려나 걱정에 상관없이 계속될 것이다. 이 같은 정성이 차곡차곡 쌓이면 신의 정원처럼 아름다운 동산으로 탈바꿈해 사랑받는 공간으로 거듭날 것이다. 그동안 일구월심으로 쏟았던 노력이 헛되지 않았음이 증명되는 게 아닐까.

고춧잎

 5월은 유난히 바쁘다. 가정의 달이다 보니 행사도 많고, 손님도 많고, 방문할 곳도 많다. 바쁜 일상에서 마침 오늘은 공휴일이라 외부 행사가 없어 외출할 일이 없었다. 실버타운에 부모님을 뵈러 오는 보호자들만 만나기 때문에 한가했다.
 어르신들은 어떻게 쉬고 계시는지 4층과 5층을 둘러보고 로비로 내려왔다. 위층에는 요양보호사들이 변함없이 분주하고 주방에는 아주머니들이 노래를 틀어 놓고 점심 준비를 하고 있다. 모처럼 누리는 여유이다. 살다가 이런 한가한 시간이 있나 싶을 정도로 기분이 좋아져 커피를 내렸다. 중국에 다녀온 지인이 선물로 준 것인데 찝찔한 맛으로 영 입맛에 맞지 않았다. 우리나라 기업이 유럽인의 입맛을 놀라게 했다는 믹스커피를 한 잔 탔다. 구수한 맛에 들이켜다가 돌아보니 고추 잎사귀가 주방 앞에 그대로 놓여 있다. 어제 가져온 것인데.
 '할 수 없지 내가 다듬어야지.' 외삼촌이 풋고추 나물을 많이 주셨는데 바쁘다 보니 다듬을 틈이 없는 모양이었다. 식사 준비로 바쁜 조리사들은 손질할 시간이 없다. 푸른 이파리가 누렇게 뜨기 전에 요리하려면 빨리 손질해야 한다고 생각했다.

후다닥 해치웠다. 같은 일을 해도 남들보다 내가 빠르다. 20대 섬유공장 기능사였을 때도 동료 기능사보다 손이 빨랐으며 목수였을 때도 그랬다. 유치원에서 어린아이들과 부모님들 그리고 선생님들이 함께 모여 김치 담기 체험할 때도 빨랐다. 조리사들은 깜짝 놀랐다. 다 다듬어진 고춧잎 소쿠리를 보면서 "저희가 오후에 하려고 했는데요."라며 겸연쩍어하기에 분위기를 바꿀 요량으로 "제가 원래 손이 좀 빠릅니다."라며 너스레를 떨었다.

음식 맛은 살맛이다. 특히나 어르신들께는 더 그렇다. 입맛이 돌아야 살맛이 난다고 하신다. 음식은 우리 삶의 많은 부분을 차지한다. 식재료 하나하나가 우리 마음을 그리고 우리 몸을 힘 나게 하니까 말이다. 오늘 저녁에는 고춧잎 무침을 "입이 씁다," "먹기 싫다."라는 말을 달고 살던 평소 입이 짧은 어르신들도 맛있게 드셨으면 좋겠다.

유기농 채소를 기증받는 것은 곧 복지관 어르신들의 건강을 위해 매우 중요히다. 유닌히 푸른 풋고추 잎은 정녹색으로 상큼한 맛이 있어 어르신들의 건강에 도움을 준다. 올해는 외삼촌 덕에 고추, 호박, 들깻잎, 파, 마늘, 부추, 상추, 배추 따위의 유기농 채소를 마음껏 공급할 수 있어 든든하다.

진밭골

　수성못 주변 식당에서 점심을 먹은 후 못 둘레를 한 바퀴 돌고 사무실로 들어가려는데 녹음이 우거진 산이 유혹했다. 새로운 봄에 생명의 활기를 불어넣기에는 녹색 기운이 딱 제격이다. 이왕 산을 찾으려면 제대로 된 곳이 좋겠다는 생각에서 진밭골(대구시 수성구)로 향했다.

　진밭골은 약 400년 전 경주최씨와 전주최씨 일가들이 임진왜란과 병자호란을 피해 정착하면서 생겨난 마을이다. 마을 한쪽 끝은 진밭골이고 다른 쪽 끝은 가락골이다. 처음에 진밭골은 농사하기에 적합지 않아 수전 혹은 아전이라고 부르다가 진밭골로 바뀌었단다. 골을 따라 산으로 올라가자 소나무가 마치 병풍처럼 울울창창했다. 물기 머금은 솔가지는 햇살에 반짝거리고, 산 중턱에 닿자 청량한 공기와 솔향이 코끝을 자극했다.

　산을 오를수록 옅은 녹색이 진한 녹색으로 바뀌더니 마치 녹색 물결처럼 일렁였다. 소나무가 바람에 흔들리는 모습이 마치 자연의 예술작품 같다. 솔향에 코를 킁킁거리며 한참을 올라 도달한 정상 현판에는 만보정이라 적혀 있었다. 도심 가까이에 자리한 걸출한 산행 코스라서 주민들의 사랑을 듬뿍 받는 명소가 되었지 싶다.

능선을 따라 걷다가 훑어보면 사방이 탁 트여 대구시가 모두 보이는가 하면 저 너머 팔공산 능선을 비롯해 경산까지 한눈에 들어온다. 산 아래 모습이 장관이다. 봄기운이 완연한 언덕과 들, 저 멀리 까마득한 도시의 자태, 하늘을 유유히 유영하는 구름 따위에 취한 채 산 기운을 만끽했다.

정상에는 누각과 마루를 위시해서 벤치도 있다. 누가 청소를 하는지 깨끗이 정돈된 모습에 기분이 좋다. 한쪽에 세워둔 밀대로 마루에 내려앉은 송홧가루를 쓸어내고 잠시 앉아 쉬기도 했다.

산의 고요함은 마음을 안정시킨다. 솔향은 마치 바쁜 일상을 잠시 멈춘 시간처럼 특별함을 선물한다. 비록 오후지만 잘 올라왔다는 생각이 든다. 매우 특별한 경험이다. 일상의 스트레스를 잠시 잊게 해주고, 마음을 치유하고 에너지를 충전해 주는 특별한 시간이다. 오늘 하루는 덤으로 선물 받은 기분이다. 저 멀리 한 대의 산악자전거가 올라오고 있다. 걸어서 산을 오르기도 쉽지 않은데 이 높은 곳을 자전거로 올라오는 청년이 대단해 보였다.

일몰까지 감상하고 싶지만 내려왔다. 날이 저물면 내려오기 힘들 것이라는 생각에서 그랬지만 아쉬움은 컸다. 올라갈 때는 몰랐는데 저수지가 있었다. 넓지 않지만 물빛이 맑은 저수지가 이렇게 아름다울 수가 있나 싶다. 산을 오르기 전에 걸었던 수성못에 비하면 이곳 대덕저수지는 자그마한 규모로 마치 예쁜 아가씨 같기도 하고 청초한 소녀 같은 분위기이다.

앞으로 수성못 못지않게 많은 사람의 사랑을 받을 것 같은 진밭골이다.

PX 방위병

　5공화국에 들어서면서 영장이 나왔다. 공익 요원이었다. 내심 너무 좋았다. 3년 동안 군 복무하며 그동안 배운 기술을 몽땅 잊어버려 힘들어하는 선배들을 많이 봤기 때문이다. 54단에서 3주 훈련을 받고 경산 고모에 있는 3026부대에 배치받았다. 특기란에 고민하다 '목수'라고 적었다. 군에 입대하기 전에 여러 분야에서 일했지만, 목수 일이 제일 자신 있었다.

　군수지원단에서 마침 목수병이 전역해서 나를 데리러 왔다. 3명이 그날 바로 중대에 배치받아 PX로 차출되어 음료수를 하차하는 도중이었다. PX 관리관이 보직이 뭐냐고 물어 "목수"라고 했다. 3명 중에서 나한테 다가와서 PX에 근무하라고 했다. 나는 목수로 발령을 받았다고 했다. 관리관은 "니가 무슨 목수야! 인마!" 그 소리에 나는 PX에 근무하기 위해 목수 안 했다고 얼른 대답했다.

　관리관님이 중대본부에 이야기하는 바람에 바로 불려갔다. 중대본부는 특기란欄에 목수라고 기재되어 있기에 필요해서 데리고 왔는데 거짓말했다며 "엎드려뻗쳐, 뒤로 취침, 앞으로 취침." 따위의 얼차려 벌을 내렸지만, 속으로 나는 무척 좋았다. 왜냐하면, 이 시간이 지나면 PX 방위병이기 되기 때문이었다. 주먹으로 몇 차례 얻어맞아도 아프지 않았다. 그렇게 PX 매점 관리병이 되었다. 그날부터 과자 진열대 앞에 서서 과자에 대고 큰 소리를 지르며 과자 이름 외우는 것이 일과의 시작이었다.

"야야 크래커cracker 180원!"

"궁중 약과 90원!"

이렇게 PX 근무를 하면서 장사를 배우게 되었다. 계산도 빨리 해야 하고, 높은 사람들도 상대해야 하고, 융통성도 발휘해야 했다. 휴일에도 사병들에게 물건을 팔아야 하므로 PX병은 휴일이 없었다. 남들 놀 때도 일하는데 제대는 똑같았다. 부당하다고 생각되었다. 하루빨리 제대해서 돈을 모아야 하고 더 중요한 것은 기술을 잊어버릴까 봐 걱정 되기도 했다.

어느 날, 부대 전체 방위병을 연병장에 모아놓고 소원 수리(마음의 편지)를 받는 날이었다. 소령이 어떤 이야기든지 하고 싶은 이야기를 다 적으라고 했다. 나는 순진하게 속마음을 다 적었다.

"저는 섬유공장에서 일하다 왔습니다. 집이 너무 가난해서 빨리 제대해서 돈을 벌어야 합니다." "PX 방위병 근무 일수 계산에 문제가 있습니다. PX 방위병은 공휴일에도 근무하는데 왜 근무 확인 도장을 안 찍어주는지 모르겠습니다." 등등을 꼼꼼하게 적었다. 방위병은 모두가 1년이다. 만약 휴일 근무를 인정해 주면 2개월은 일찍 제대할 수 있었다.

소원 수리를 제출하고 일주일쯤 지나 중대본부 선임하사가 불렀다. 다짜고짜 배를 꾹 쥐어박더니 "머리 박아!"라는 불호령이 떨어졌다. 한참 동안 영문도 모른 채 비 오는 날 먼지가 나도록 좌로, 우로 굴렀다. "내가 너 같은 놈들 잘 알지. 좀 힘들면 탈영해서 주변 사람 고생시키는 놈들. 난 그런 거 용납 못 해!" 나를 탈영할 가능성 있는 요주의 방위병으로 몰고 가면서 군기 대상이라고 했다.

소원 수리에 진심을 말하면 안 되는구나 후회도 했다. 일주일 후 연병장에서 우리에게 소원 수리를 마음껏 쓰라고 했던 소령이 PX로 찾아왔다. 눈앞이 노래졌다.

"니가 신경용이냐?"

"추우우웅-썽! 그렇습니다."

군기가 바짝 들어 매점이 떠나가도록 충성을 외치며 경례를 했다. 소령은 씩 웃으면서 어깨를 '툭~툭~' 쳤다. 그는 한참 동안 일하는 것을 지켜보다가 돌아갔다. 그런 일이 있고 나서 얼마 후 중대본부에서 지시 사항이 내려왔다. PX 방위병에게 공휴일 근무 인정 도장을 찍어주라는 것이었다. 대한민국 PX 방위병들의 2개월 빠른 제대가 이때부터 시작되었다. 지금도 그때 일을 아는 주변 사람들은 농담 삼아 말하곤 한다. "대통령보다 낫다."

달랑 쪽지 하나 적어서 복무 기간을 두 달이나 단축했으니 그럴

만도 하다. '군번 92889623' 이후의 대한민국 PX 방위병들이 휴일 근무를 인정받은 것은 전적으로 내 공로다. 그래서 예정보다 두 달 빨리 제대를 할 수 있었고, 경산 압량에 있는 제법 큰 공장에 정비 주임으로 취직했다. 얼마 후 바로 1직포 주임으로 승승장구했다. 군에 가기 전 소심한 성격이 PX에 근무했던 경험 덕분에 많이 달라졌다. 이에 용기를 얻어 야간에는 성격개조학원도 다니는 등 꾸준히 변화를 위해 노력했다.

교육의 효과와 PX에서 장사했던 경험으로 말미암아 외향적인 성격으로 점점 바뀌고 있었다. 소원 수리 한 장으로 군 제대를 2개월이나 단축한 일은 지금까지도 내게 많은 영향을 미치고 있다. 끝없는 열정과 교육의 힘이 얼마나 큰지 다시 한번 깨닫는 기회였다.

교육을 통해 변화를 경험한 사람들은 그 효과를 알기 때문에 CEO가 되면 적극적인 교육을 통해 조직을 업그레이드하려고 한다. 팀워크의 극대화를 통해 드라마틱한 결과를 만들어 낸 경험을 했고, 조직을 반석 위에 올려놓는 경험을 했기 때문이다. 지금 돌이켜봐도 성격개조학원에서 받은 교육이 큰 영향을 미쳤다는 것을 깨닫는다.

회복탄력성

몇 년 전 긍정심리학에서 배웠던 회복탄력성Resilience이라는 말을 정말 좋아한다. 같은 고난을 겪어도 그 고난에 사로잡혀 사는 이가 있는가 하면, 잘 이겨내는 사람도 있다. 이때 강인하게 회복하는 힘을 회복탄력성이라 한다. 회복탄력성이 좋은 사람은 어렵고 힘든 일이 닥쳤을 때 그렇지 않은 사람과는 다른 사고방식과 대처법을 가지고 있다. 나는 어떤 고난에 빠져도 강인하게 회복하려 든다.

인생은 계획대로 흘러가지 않는다. 인생은 불확실하고 예상치 못한 일들로 가득 차 있다. 그런데 예상치 못했다는 이유만으로 도외시할 수는 없다. 어차피 일어난 일이기 때문에 긍정적으로 받아들여야 한다. 효율적으로 해결할 준비를 하고 능동적으로 대처하는 것이 최상의 대응이다. 자신에게 주어진 과제는 남들이 대신해 주지 않는다. 그러므로 아무리 어렵더라도 당당하게 받아들이는 것이 최선이다.

현실은 그리 녹록지 않다. 곳곳에 다양한 어려움이 도사리고 있다. 그래도 물러서지 않아야 한다. 그래야만 긍정적인 변화를 만들어 낼 수 있다. 위기는 마음가짐과 대처 방법에 따라 전화위복의 기회가 되기도 하고 실패가 되기도 한다. 그렇다면 인생에서 마주하게 될 수많은 위기를 어떻게 극복할 것인가? 이 질문에 대한 답은 '위기 속에서 기회를 찾는다.'라는 것이다.

나는 위기를 절망으로만 보지 않았다. 위기를 도전의 기회로 만들면 되레 변화와 성장의 발판이 되기도 했다. 도전이란 불가능한 상황을 바꾸려는 시도라고 생각했다. 그 결과 위기를 통해 도약의 기회를 잡을 수 있었고 발전할 수 있었다. 남들은 위기 속에서 과감하게 도전을 하는 나를 무모하다고도 했다. 그러나 나의 현실은 간절하고 절실했다. 그것이 위기를 극복할 수 있게 한 것 같다. 이것이 바로 회복탄력성이다.

회복탄력성이라는 단어를 좋아하는 이유는 아마도 내 삶의 경험치와 같기 때문이다. 프랑스의 유명한 작가는 회복탄력성을 떡갈나무와 갈대에 비유해 설명했다. 떡갈나무는 튼튼하고 강인해서 웬만한 바람에는 끄떡없다. 반면 갈대는 작은 바람에도 휘어진다. 그러나 거센 태풍이 몰려오면 떡갈나무는 결국 부러지고 만다. 그러나 갈대는 심하게 흔들릴지언정 부러지지 않는다. 나에게 필요한 것은 이 같은 유연한 회복탄력성이다.

내 삶에는 확실한 목표가 있었고 무엇이든지 기회가 닿으면 배우려 한다. 절대로 안 된다는 생각보다 긍정적인 생각에 집중하는 성격이다. 또한, 할 수 있다는 내면의 힘을 믿으며, 늘 창의적인 해결책을 찾으려는 긍정적인 자세로 매사에 임하고 있다.

  모두가 인정하는 조직을 운영하는 것은 큰 모험이다. 큰 책임이 따르게 마련인 어렵고 고독한 자리이기도 하다. 성공에는 대범한 용기를 비롯하여 실망을 견디는 용기도 필요하다. 이것을 위해 포기해야 하는 것이 많다. 이 같은 길에서 회복탄력성은 시련에 맞서 이겨내고 우뚝 설 힘의 원동력이 되었다.

라떼, 나 때!

"나 때는 말이야"라는 말을 곧잘 했다. 회의할 때도, 업무 추진에 진척 없을 때도, 집에서도, 사무실에서도 남발했다. 요즘은 이 말이 튀어나오려 할 때마다 멈칫거린다. CEO의 훌륭한 경험담이 아니라 꼰대질로 받아들일 우려가 더 크기 때문이다. 고생한 사람의 특징이고 한풀이라고 치부될 수도 있다. 그렇다고 경험담을 들려주지 않은 것이 상책이 아닌데도 말이다. 왠지 부정적인 의미로 들려 이전처럼 사용하기가 부담스럽다. 은어에 능숙해야 현대인처럼 보이는 사회가 되었으니 신조어에 민감하지 않을 수도 없다.

이런 심리 영향일까. 요즘은 카페에 가도 '라떼'를 잘 시키지 않는다. 대신에 아메리카노를 주문한다. 웃기는 이야기지만 웃자고 하는 말이 아니다. 그만큼 내가 신경을 쓰고 있고 변화를 기하는 중이다. 그동안 신념처럼 고집하던 것에서 벗어나야 할 것 같다.

평소 익숙함에 잘 속는 편이다. 익숙하다 보니 그것이 늘 정답이라고 여기며 내 방식이 옳다고 고집했던 적이 많았다. 그런데 요즘은 그렇지 않다.

   오랜 시간 CEO로서 조직의 가치를 높여 왔다. 목표를 정하고, 지시하고, 결과를 보고받고, 다시 진행 상황을 점검하며 결과를 얻었다. 이런 과정을 거치며 자기 확신에 강해졌다. 이것이 삶을 힘 있게 이끌어갔고, 능력에 대한 자신감이 되기도 했다. 그런데 요즈음은 주춤한다. 일하는 현장이 많이 달라졌다. 차이를 인정해 주는 것뿐만 아니라 서로 다름이 장점이 되기도 한다. 서로의 관점 차이와 생각 차이가 모두 인정되는 현장이 되었다. 이렇게 달라졌다. 구성원 모두가 거침없이 표현하고, 가감 없이 말한다. 이런 모습에 깜짝 놀랄 때가 많다. '라떼는 말이야.'라는 말은 물론이고 카페에 가서 '라떼'도 시켜 먹지 말아야겠다 싶다.

   삼삼오오 함께 모여 두런두런 나누는 대화를 들어보면 답이 나온다. 혼자서 독단적으로 고민하고, 결정하고, 책임지던 시대는 지났다. 농담을 주고받으며 오해를 풀어 가면 자연적으로 이해가 된다고 하듯이 말이다. 결국, 자신의 관점이 아니라 다른 사람의 관점에서 바라보는 지혜가 필요하다. 이런 언행은 인생을 살면서 교과서적인 말인데도 실제로 실천하기는 쉽지 않다. 가족도, 가장 가까운 사람도, 가장 잘 이해하는 사람도 각자의 관점에 차이가 있으니 말이다. 따라서 경험이 많다고, 힘이 있다고, 늘 하던 대로 언제나처럼 앞으로 나아가려고 고집을 부릴 일이 아니다. 능동적으로 변화를 선도하지 못할지라도 말이다.

'신세대'와 '구세대'는 언제나 있었다. 고대 이집트에도 신세대와 구세대가 있었고, 조선 시대에도 있었고, 현대에도 신세대와 구세대가 있다. 내가 20대 때는 내 부친이 구세대였고, 지금은 아들이 나를 보고 구세대라 한다. 그럼 이제 막 태어난 손주 녀석에게는 이 할아버지가 구 구세대가 되는 건가, 아무리 인생의 지혜와 경험을 쌓아도 때에 따라 변한다고 생각하면 세월이 허허롭다.

 신세대가 옳다, 구세대가 옳다고 할 것이 아니라 서로의 관점을 인정해 주고 같이할 수 있는 공통점을 찾아가는 것이 중요한 것이다.

 '라떼는 말이야.'는 말로 지긋지긋하다는 말을 들어서는 안 되겠다. 꼰대 자리에는 앉지 말아야겠다. 마음속에 소중한 추억 하나쯤은 담아두고 글 속에 '나만의 시간'을 남겨야겠다. 라떼는 카페에서나 사용해야지.

내 편

무궁화꽃이 피었습니다

용기

내 편

낭만의 계절

여유로운 아침

낯선 즐거움

무소뿔

내일이 있으니

솜털처럼 가벼웠던 노동의 갑옷

희망

무궁화꽃이 피었습니다

　어릴 적 시골에선 여럿이 모이면 '무궁화꽃이 피었습니다' 놀이를 많이 했다. 이 놀이는 술래가 눈을 감은 채 벽을 향해 "무궁화꽃이 피었습니다."라고 외치는 사이에 나머지 아이들이 들키지 않고 술래에게 조금씩 다가가는 놀이다. 술래를 놀리기 위해 우스꽝스러운 표정과 몸동작을 하여 웃음짓게 하는 유희적 놀이다.
　이 놀이를 가만히 들여다보면 단순한 어린이 놀이로만 끝나지 않는다. 누군가는 쫓고, 누군가는 잡힌다. 누군가는 숨고, 누군가는 찾는다. 인생의 순환 바퀴 같다. 인생에는 일, 건강, 경제, 직장, 인간관계 등 다양한 문제가 있다. 그 가운데 핵심 중 하나는 사람이고, 사람끼리는 대화로 연결된다. 실제로 인생에서 가장 어려운 장애물이 어쩌면 사람일지 모른다. 일보다 사람 때문에 힘들 때가 더 많다. 사람 관계는 인생에 실로 지대한 영향을 미친다. 그리고 사람들과의 관계에서 말은 매우 중요하다.
　좋은 모임일지라도 인간관계나 어떤 대화를 나누느냐에 따라 그 자리가 천국이 되기도 하고, 지옥이 되기도 한다. 폭언과 저속한 언어라는 언어폭력으로 인격을 모독하며 상대에게 굴욕감을 안기기도 한다. 오늘의 모임이 그런 자리라서 아예 입을 닫고 침묵해 버렸다. 만남이 불편해 어쩔 수 없이 택한 차선책이었다. 사노라면 이따금 이럴 때가 있어 진한 가슴앓이하면서 꾹꾹 참았다. 자칫 섣불리 응대했다가 '모두가 불편해질까 봐', '서로 상처받을까 봐', '불이익이나 피해가 돌아올까 봐' 정면 대응을 피했다. 화가 나고 어이가 없었지만, 관계를 이어가기 위한 일보 후퇴이며 양보였다.

이런 유형의 모임에 참석할 때마다 느끼는 솔직한 심정은 시간과 에너지를 낭비하는 것이 아닌지 의구심을 떨치기 어렵다. 그럼에도 관계를 이어옴은 욕심 때문에 과감하게 정리하지 못하는 탓은 아닌지 나를 돌아보게도 된다.

가끔 다른 사람이 건네는 금쪽같이 중요한 조언이나 충고를 허투루 여기고 지나치는 어리석음을 범한다. 시간이 지난 뒤에 되새겨 보면 옳고 타당했는데 후회해도 소용없다. 그러한 충고나 조언은 진정으로 나를 생각하고 진심으로 도우려는 의도에서 어렵게 건넨 것임에도, 우매해서 받아들이지 못했다. 그러기에 세상사 모두 섣부르게 판단하지 말고 충분히 지켜보면서 천천히 생각해야 한다.

항상 정확한 지적은 기꺼이 받아들여야 한다. 사람이 함께 모인다는 것은 처음부터 나쁜 의도가 있을 수 없다. 다만 관계의 잘못으로 그렇게 되어 선입견이나 편견의 지배로 전체적인 흐름이 나쁘게 될 뿐이다. 대인 관계에서 상대를 존중하고 인정하기보다 부정적인 잣대로 평가하려는 자세가 문제이다.

다시 '무궁화꽃이 피었습니다' 놀이 얘기로 회귀한다. 이 놀이에서 술래의 역할은 아이들을 잡기 위해 존재하고, 아이들은 술래에게 잡히지 않는 것이 목표다. 따라서 누가 나쁘다고 틀렸다고 규정하기 전에 그 사람의 진정한 의도가 무엇인지 따져볼 필요가 있다. 한 걸음 더 나아가 불편한 인간관계의 원인이 자신에게 있는 것은 아닌지 냉정하게 생각해야 한다.

"내가 그의 이름을 불러주기 전에는 그는 다만 하나의 몸짓에 지나지 않았다"는 김춘수의 시구詩句처럼 애초부터 나쁜 관계는 없다. 어떤 경우를 막론하고 자신의 관점에서 출발하기에 관계 개선은 얼마든지 가능하다. 게다가 오히려 착한 척하는 사람이 더 알 수 없는 사람일 수도 있다. 내가 먼저 진솔하게 고백할 수 있어야 하고 상대는 받아들여야 한다. 그럴 때 모두가 행복한 공동체가 될 수 있다.

인생의 수레바퀴와 같은 '무궁화꽃이 피었습니다'의 놀이문화를 생각하는 하루다. 술래가 외치는 순간 모두 멈춰야 하듯, 그 외침에 따라 이동하면서 곳곳에서 멈추며 긴장한다. 오늘 하루는 어떠했는지 새삼 돌아본다.

용기

"나를 키운 건 8할이 바람이다"라는 시구를 담고 있는 서정주의 시 「자화상」을 읽다가 먹먹하게 가슴이 멈췄다. 나를 키운 건 9할이 무모한 용기다. 일이 생기면 시작부터 하고 본다. 그러다 보니 남들은 "무모하다."라고 하거나 "용기勇氣 있다."라고 한다.

생각한 일은 일단 시행에 옮기면서 다듬어 간다. 게다가 무슨 일이든 시작하면 끝을 본다. 이런 나의 업무 추진 방식 때문에 성공도 했지만 때로는 실패도 했다. 시행착오를 겪기도 한다. 한발 물러서야 할 타이밍을 놓쳐 손해 볼 때도 있었다. 실패에 좌절하기보다, 손해가 나면 포기하기보다, 오히려 부딪히고 깨지면서 왔다. 무모한 용기가 있었기에 가능했다. 나는 목표를 향해 돌진한다. 사랑의 우체통에는 이르신들과 보호자들만 편시를 띄우는 것이 아니라 나도 띄운다. 사랑의 우체통에 용기를 내어 편지를 띄운다.

무모해도 좋다. 무모한 것이 역사가 되기도 한다. 그 옛날 대구 달성군 화원읍 사문진沙門津 나루터의 피아노 운반도 무모한 용기가 있었기에 가능했다. 나루터는 대구 최초로 피아노가 들어온 곳이다. 1899년 사이드보텀Richard H. Sidebotham (1874~1908) 선교사가 대구로 부임했는데, 그의 아내가 고향에 두고 온 피아노를 몹시 그리워했다. 결국, 선교사는 용감하게 미국에 있는 피아노를 대구로 옮기는 작전을 감행했다. 피아노는 샌프란시스코에서 부산을 거쳐, 낙동강을 거슬러 올라와 사문진 나루터에 도착했다고 한다. 그런데 엄밀히 따지자면 그 용기는 무모하거나 막연하지 않다. 객기를 부리면 무모하다고 할 수 있겠지만 가능해 보이는 것에 도전하는 것은, 무모한 것이 아니라 진정한 용기다.

통념에 맞서고 편견과 맞서 싸우는 것은 어렵지만, 불안을 극복하고 자신을 존중할 때 남들이 모르더라도 그것이 진정한 용기가 된다. 용기는 두려움이 없음을 의미하는 것이 아니라 두려워하면서만 계속 나아가는 것을 의미한다.

전혀 다른 분야인 섬유공장에서 유치원으로, 사회복지로, 교육복지로 도전에 두려움이 없는 것은 아니었다. 하지만 무모하리만치 과감한 용기가 있었기에 계속 걸어올 수 있었고 지금도 앞을 보고 걸어갈 수 있다. 9할의 무모한 용기가 아직 나에게 남아 있기에 오늘도 기분 좋게 도전한다. 그리고 현실과 부딪치며 진정한 삶의 의미를 깨닫는다.

살면서 꿈을 향해 수많은 장애물을 극복하는 것이 인생이라는 것을 깨달았다. 인생은 내 앞에 있는 벽을 허물고 희망의 자리에 도달하는 것이다. 그곳이 인간의 자리니까. 조선의 문신인 양사언 楊士彦의 시조 태산가泰山歌의 "태산이 높다 하되 하늘 아래 뫼이로다"라는 시구詩句처럼 못 오를 것 같은 인생의 문턱도 오르고 나면 한낱 바람 같다. 그렇다고 특별한 능력이 있어야만 오를 수 있는 것은 아니다. 그저 버티는 것이다. 끊임없이 용기를 가지는 것이다. 그리고 꿈의 가치를 실현해 내는 것이다.

고통을 넘어야 진정한 인간의 자리에 도달할 수 있다. 삶이 만들어 내는 고통, 두려움, 슬픔 등의 환영과 부딪치며 진정한 나를 찾았다. 그리고 꿈이 삶의 변화를 이끌어 왔다. 이 여세를 몰아 다시 일어나 정복하려 한다. 100세를 정복하려 한다. '100세 시대'이다.

생은 길다. 생의 전반부를 지나 이제 후반부인 2막을 시작할 때다. 앞으로 무슨 일이 닥치더라도 여전히 삶의 가치를 염두에 두고 삶의 진정한 의미를 느끼며 살 것이다. 젊은 시절에 배웠던 용기와 끈기는 생에서 오래도록 재생될 것이기 때문에 남은 길도 기대한다.

많은 사람들이 100세 시대를 맞아 고민하고 있다. 고민하는 이들에게 고민 대신 꿈을 가지라고 하고 싶다. 젊은 날 책임감으로 살았으니 생의 2막은 자신을 위해 열정을 쏟아야 하지 않겠는가. 사람들은 생의 2막이 되면 열심히 봉사하는 것이 답이라고 생각한다. 틀린 말은 아니다. 그러나 봉사만으로는 만족할 수 있을까? 솔직히 의문이다.

인간은 몸으로 삶을 확인한다. 본질적으로 자신의 행복을 추구하기 때문에 생을 살아오면서 길을 잃지 않고 여기까지 왔다. 험한 산길을 걸을 때도 길을 잃거나 쓰러지지 않고 바르게 걸어왔을 것이다. 망망대해를 항해하는 배가 나침반을 잡고 항해하듯 꿈을 방향 삼아 생의 2막 항구에 안전하게 도착했다. 꿈은 바로 생의 등불과 같다. 미움이나 분노로 생을 살지 않을 것이다. 삶을 변화시키며 살 것이다. 그러기 위해 먼저 건강이 무너지지 않도록 다시 일상으로 돌아가 돌봐야겠다.

뜨거운 열정이 식지 않는 사람에게 나이는 문제가 되지 않는다. 꿈이 있고 열정이 있는 사람은 젊은 사람 같다. 못 할 일이나 안 될 일이 없다는 믿음으로 살아야 한다. 생의 2막을 사는 지금 내게 무모한 용기가 남아 참 다행이다.

내 편

'내 편'이라는 말은 살아갈 힘과 용기를 주는 말이다. '편便'이라는 말에 방향이라는 의미가 담겨 있어 살아갈 힘과 용기가 되는 것이다. 사랑이라는 말도 그렇다. 언제나 희망을 주는 단어가 사랑이다. 사전을 찾아보면 사랑은 "좋아하고 존중히 여기는 마음"이라고 정의하고 있다. 내 편과 사랑하는 사람이 있다는 것은 세상을 얻는 것이다.

어머니를 뵈러 대전 집에 내려갈 때마다 반복해서 듣는 말이 있다. 어머니와 함께 식사할 때면 변함없이 이어지는 말씀이다.

"내 아들은 장하다, 정말 대단하다, 이런 사람 없다, 자랑스럽다, 아들을 위해 기도하는 삶이 정말 행복하다, 아들만 생각하면 자랑스럽고 또 자랑스럽다."

아마도 수백 번 또 만나도 똑같은 말씀을 하실 것이다. 사실 우리 모자는 했던 말을 반복하는 습관이 있다. 그러나 아들을 세워주는 말은 습관적인 말이 아니라 가슴 절절히 나오는 사랑의 말이다. 그렇기에 어머니는 보는 사람마다 붙들고 반복해서 내 칭찬을 하신다. 고단한 삶을 살아온 세월을 말해 주듯이 어머니의 자글자글한 얼굴의 주름과 손바닥의 굳은살을 볼 때마다 가슴이 아프다. 하지만 그런 당신이 생의 끝자락에서 자랑하고픈 자식이 되었다는 사실이 효도하는 것 같아 마음이 한결 가볍다.

그동안 고생이 많았다며 "이제 아범도 쉬어야지", "밥 먹어라", "그만 쉬고 일을 줄여라", "힘들겠다. 이제 아범도 쉬어야 한다", "아범이 건강해야지", "아프면 안 돼" 등 다양한 염려의 말을 건네며 무한한 정과 따뜻함으로 감싸시는 어머니. 오늘도 어머니 말씀을 뒤에 남겨두고 총총히 내려왔다.

요양원 어르신들의 마음도 이러하리라. 나는 어르신들에게서 인간에 대한 애정을 배운다. 아들 자랑이나 딸 자랑을 비롯해 손주 자랑하실 때 보면 치매도 중풍도 느낄 수 없다. 그냥 자랑과 사랑에 듬뿍 빠진 어머니이고 아버지다.

어둡고 힘든 지난 세월이 있었다. 아픈 가족사나 순탄치 않은 삶을 모두 받아들이면서 살기란 힘든 일이었다. 무겁게 짓누르는 불안을 극복하며 사는 게 무척 힘들었다. 한데, 어르신들을 모시고 요양원 생활을 하면서 몰라볼 정도로 안정을 찾아가고 있다.

"내 아들 장하다."라고 자랑하시는 어머니 말씀이 쑥스럽지만, 이상하게도 들을 때마다 힘이 나고 용기가 솟는다. 그간 힘들게 살아올 때 어머니가 내 편이셨기에 어떤 일에도 힘차게 도전해 좋은 결실을 맺을 수 있었다. 그렇게 용기 주시고 응원 주셔서 자신감을 잃지 않고 추진할 수가 있었다. 부도 속에서 방향을 잃고 좌절했을 때, 그때도 어머니는 내 편이셨다. 부도를 당했을 때, 재기할 때, 언제나 어머니는 내 편이셨다. 나라고 언제나 옳고 바른 일만 했겠는가. 그럼에도 어머니는 무조건 내 편이셨다.

옳고 그름은 어머니에게 중요치 않으셨다. 사랑하는 자식이기에 싫은 내색이나 서운한 감정을 밖으로 나타내지 않고 편이 되어주셨다. 그런 어머니 앞은 언제나 열려 있었다. 갇히고 닫히고 뭉쳐 있던 마음이 눈과 같이 녹으며 열렸다. 자유와 안식을 동시에 선물하는 내 편이 있음이 살아가는 이유가 되었다.

돌이켜보면 내 편들에게 어머니를 향한 마음처럼 언제나 진정으로 다가갔다. 그러다 보니 내 편과 내 생각이 다를 수도 있다는 것을 놓칠 때가 있었다. 누군가를 진심으로 사랑하고 존중한다는 것은 그 사람의 말 한마디마다 귀 기울여야 하는데 그것을 놓칠 때가 더러 있었다.

내 편이 있어 힘이 절로 난다. 그러나 내 편이 보내주는 사랑에는 강한 긍정적 감정뿐 아니라 부정적 감정까지 포함되게 마련이다. 하지만 그 부정적인 내용도 나를 향한 사랑의 메시지라는 사실을 받아들이지 않을 때가 종종 있었다.

긍정과 부정, 양면성을 제대로 수용하지 못해 심지어는 내 편까지 힘들게 하거나 갈등을 빚어 괴로웠던 적도 흔했다. 관계란 소통이라는 것을 알지만 내 편에게는 상대적으로 무심했던 것을 서서히 깨달아 가는 중이다. 상대방이 사용하는 언어의 의미를 제대로 파악하고 이해하는 것이 중요하며 이를 원만하게 해결함으로써 선연의 관계를 이어갈 수 있다. 한편 때로는 정직하고 직설적이며 날카로운 표현이 있어야 일의 추진이 원만해지기에 직설적인 화법은 매우 중요하다. 결과적으로 직접적으로 솔직하고 부드러운 언어로 말하는 것이 훨씬 효과적이고 내 편의 마음을 지켜 줄 경우도 많았다.

  12월이 오기 전에 마음의 편(便)들과 가을 산을 걸으면서 솔직한 말을 건네며 여행을 해야 할 것 같다. 누군가 곁에 있다는 게 얼마나 행복한지! 감사한 마음이 가득해도 살갑지 못한 성격 탓에 이 마음을 전할 수가 없었다. 너무 늦지 않았는지 모르겠지만 표현하는 데 주서하시 잃아아겠다. 또힌, 미음을 꼭꼭 닫고 사는 어리석음을 반복하지 않아야겠다. 더 늦기 전에 이제라도 성격을 바꿔서 이 느낌 이 마음을 내 편에게 전해야겠다. 내 편이 정말 좋으니까.

낭만의 계절

낭만의 계절이다. 붉게 타오르는 단풍이 좋아 벗과 알록달록 물든 산길을 따라 걷는다. 단풍이 마냥 곱게 보이거나 새삼스럽게 들꽃이 예쁘게 보이면 나이가 들어가는 것이라 한다. 그래도 치열한 삶에서 한발 비켜서서 생각하니 이런 호사가 지금 누릴 수 있는 행복으로 여겨져 흐뭇하다.

작은 것에도 감사하고 행복했던 젊은 시절에 비하면 지금 누리는 여유는 대단한 낭만이리라. 지난 시절은 일이 전부인 삶이었다. 멋도 낭만도 즐길 줄 모르는 사람이라고 낙인찍혔었다. 일로 멋을 부렸고, 낭만은 마음속에 가둬뒀었다. 아마 여유를 부리거나 낭만을 누릴 여지가 없었다고 하는 편이 타당할 것이다.

어렸을 때부터 책 읽기를 좋아하고 문학을 꿈꾸며 살았던 소년이었다. 청년이 되어 산업 일선에서 치열한 삶을 살아온 시절 때문에 낭만을 즐기고 멋을 부릴 용기가 없었던 것뿐이었다. 예순의 나이에 삶의 반경을 조금씩 넓혀가고 있다. 남들이 뭐라고 해도 지금의 시점에서 나름 즐길 여유와 낭만을 누리려고 용기 내본다. 그러다가 삶의 의미와 생각을 글로 남겨 보기도 한다.

소담스럽고 향긋하게 들국화가 피어 있고, 나뭇잎이 오색 빛깔 옷으로 갈아입는 가을은 인생의 의미가 무엇인지를 깊게 생각하게 만든다. 그동안 바빴던 마음을 가라앉히며 편안케 하는 것을 보니 스스로 누릴 수 있는 여유를 찾은 것 같다.

자연은 정직하고 겸허하다. 이 같은 천고마비의 계절에 생각이 많아져 이런저런 사색을 글로 남기기도 한다. 오늘은 여유와 낭만을 마음껏 즐기고 싶다. 두런두런 이런 얘기를 나누며 마음을 같이할 가까운 벗과 저녁을 함께 먹고 싶어 전화를 건다.

여유로운 아침

뜨거웠던 8월 하늘이 비켜주니 맑고 청량한 가을 하늘이 세상을 덮고 있다. 아침인 까닭인지 아니면 가을 때문인지 몰라도 산 위의 공기는 더할 나위 없이 상큼하다. 설화리 뒷산과 앞산의 참나무에는 도토리가 잔뜩 열려 있을 뿐 아니라 바닥에도 지천으로 나뒹굴었다. 누가 따로 가꾸지 않았어도 실하게 잘 여물어 탐스럽다.

무심코 지나치다가 도토리가 생각나서 나도 모르게 주웠다. '아! 이런 느낌이었구나.', 손에 닿는 느낌이 좋다. 매끌매끌하고 토실토실해서 줍는 맛이 난다. 참으로 독특한 느낌이었다. 뭔가 간직해야 할 것 같은 기분인가 하면 뭔가 작고 소중한 느낌에 꼭 줍고 싶게 만드는 묘한 매력이 있었다. 이래서 주머니에 쏙 쏙 주워 넣는 모양이다.

한참을 올라가는데 나뭇잎 더미가 온통 쑥대밭이었다. 간밤에 배고픈 멧돼지가 다녀간 모양이었다. 나뭇잎 더미에 도토리를 온통 어지럽게 해 놓은 걸 보면 다람쥐는 아닐 것이고 멧돼지일 것이다. 산마다 야생동물들의 먹이가 부족한데 설화리 뒷산에는 도토리와 지렁이가 많아 멧돼지들이 좋아하는 진수성찬이 차려져 있는 셈이다. 덩치 큰 멧돼지가 작은 도토리와 지렁이를 주식으로 한다는 것이 참 신기하다.

 산에 오른 김에 옆집 할머니께 드릴 요량에 바지 주머니와 조끼 주머니를 채워야겠다는 마음으로 계속 도토리를 주우며 올랐다. 도토리묵을 얻어먹었으니 이참에 주워다가 드릴 생각이었다. 때마침 아침 산책을 나온 노부부를 만났다. 노부부는 어릴 적 끼니로 먹었던 도토리묵 이야기를 한참 하셨다. 노부부의 가난한 어린 시절에는 도토리밖에 먹지 못했다고 했다. 내 기억에도 어릴 적에 많이 먹은 것 같다.

 가난날 서민들이 먹던 음식이 지금은 웰빙well-bing 음식으로 대접받고 있다. 세상이 변해서 옛날의 배고픔과 굶주림을 면하기 위해 먹던 구황식품救荒食品들이 웰빙의 붐을 타고 건강식이나 다이어트용으로 자리 잡은 지 오래다. 나 때 즉 '라떼'라고 하면 어폐가 있겠지만 세월의 변화만큼이나 음식문화에도 변화가 크다.

 도토리도 줍고 어르신과 두런두런 이야기를 나누며 산 정상까지 왔다. 정상에서 본 하늘은 파란 물감이 흐르는 듯하다. 아침의 맑은 바람에 씻겨 갔는지 구름 한 점 없는 것이 캔버스에 그린 그림보다 더 맑다.

나눔이 있어 행복한 계절
광주리 가득 담긴 고구마
탐스러운 감
아가씨 얼굴처럼 홍조 띤 사과도 나누고
그래서 가을은 행복이다
익은 열매들 주렁주렁
눈 즐겁게 풍성함을 선물한다
봄, 어디 숨었나 꽃 찾고
여름, 어디 숨었나 열매 찾는다
따스한 봄 햇살
목마른 더위 속
타오르는 태양
잘 익은 붉은 열매
두 팔에 가득 찬 과일 바구니가
가을을 채운다

  사람들의 마음도 바구니에 담은 과일처럼 좋은 일들로 가득 채워졌으면 좋겠다. 그리고 좋은 마음이 모이면 좋겠다. 혼자 있으면 왠지 쓸쓸하지만 함께하면 그 자체로 서로를 위한 채움 같으니까. 인생도 봄이 있고 여름이 있고 가을이 있다. 그리고 바쁜 시간이 지나면 어느결에 겨울의 문턱이다.

  단풍이 물드는 자리에서 마시는 국화차 한 잔은 봄에 마시는 차나 여름날 팥빙수보다도 더 긴 여운을 남길 것 같다. 잘 여문 결실이 광주리에 가득해도 가을은 떨어지는 낙엽처럼 쓸쓸하다. 하지만 가을처럼 정직한 계절이 없다.

  나는 가을을 좋아한다. 그리고 축복한다. 가을은 떠나고 싶고 그리운 사람을 만나고 싶은 계절이다. 맑은 가을 하늘에 수 놓으며 이것저것 사색의 그림을 그려 넣으며 벗들과 만나고 싶다.

낯선 즐거움

갈대가 일렁이며 가을의 향연이 절정으로 치닫고 있다. 높은 하늘에는 햇살과 구름을 비롯해 바람이 어우러져 갈대와 억새가 춤사위를 벌이며 펼치는 흰빛과 금빛 물결이 장관이다. 청도淸道 이서를 지나 군불로로 가는 도로 옆은 갈대와 억새의 서식지다.

주말을 맞아 산으로 향하는 차량으로 도로는 무척 혼잡하다. 가을비가 자주 와서 장마인 줄 알았다. 그런데 요 며칠 비가 내리지 않아서 빨래한 것처럼 구름이 자취를 감춰 하늘이 유난히 맑아졌다. 햇살에 익어가는 붉은 감은 화사한 새색시 얼굴처럼 곱다.

청도에는 밭을 비롯해 산기슭까지 온통 감나무밭이다. 멀리서 보면 마치 바다에 감이 파도치는 것 같다. 보면 볼수록 주황색 붉은 감이 아름답다. 청도는 대구와 인접해 있어 한나절 나들이에 안성맞춤으로 산수山水가 준수해 소풍하기 좋다.

감나무가 가로수로 심겨 붉은 감이 주렁주렁 달려 탐스럽고 정겹다. 농익어가는 감들이 나그네가 손을 뻗어 따 주기를 기다리는 것처럼 유혹한다. 그런 정경을 즐기며 걷다가 손이 닿는 곳에 열려 있는 홍시를 하나 따서 먹었다. 서리를 한 것이다. 어릴 적 친구들과 서리를 할 때는 가슴이 두근반세근반 했었는데…. 그 짜릿했던 순간을 생각하면 나도 모르게 미간에 빙그레 미소가 번짐은 왜일까.

청도감은 맛도 좋고 목에 내려가는 청량감이 있어 참 시원하다. 게다가 감씨가 없어 더 좋다. 다른 지방에서 생산되는 감에는 씨가 있는데 청도감에는 없다. 한편 청도의 반시에는 비타민이나 아미노산 등 인체에 유익한 성분이 많이 함유되어 있단다. 특히 반시의 비타민C는 일반 비타민C와 달리 열이나 물과 공기 등에 노출되었을 때 쉽게 파괴되지 않아 몸의 저항력을 높이고 노화 방지와 피로해소에도 좋다. 또한, 감기 예방에도 뛰어난 효능이 있다고 한다.

시골길을 휘돌아 마을 입구에 들어섰다. 금곡마을을 들어서서 한참 가면 깊은 계곡에 작은 마을이 자리 잡고 있다. 자연과 사람이 썩 잘 어울리는 산골 동네이다. 주민들에게 애로 사항이 있는지 곳곳에 붉은색의 '결사 반대'라고 쓴 플래카드가 나부꼈다. 외지인의 눈에는 자연과 사람이 조화를 이루는 아름다운 동네 같은데 그게 아닌 모양이었다. 모두가 만족할 수는 없는 모양이다.

봄이면 산나물을 캐고, 여름이면 개울에서 다슬기도 줍고, 가을이면 열매들을 거둘 수 있는 살기 좋은 마을이 주민들의 뜻과 다르게 자연환경이 파괴될까 걱정하는 목소리 같다. 언젠가는 모두가 행복한 동네가 되길 기원하며 동네 한 바퀴를 돌았다. 터덜터덜 걷다가 주말농장에서 가지를 따는 부부를 만났는가 하면 감을 따는 할머니도 만났다. 산밑 감밭에 주렁주렁 달린 주황빛 감은 한 폭의 풍경화를 연상시키는 정겨운 풍경이었다. 나른한 오후에 보약 같은 충전재였다.

아직 더운 기운이 남아 있지만 구름도 높고 약간 선선하기도 하며, 햇빛도 그리 부담스럽지 않았다. 그런데 뜻하지 않은 복병의 출현에 정신이 혼미해질 지경이다. 어디선가 지독한 분뇨의 악취가 코를 찔러 머리가 지끈지끈 아팠다. 주민들이 '결사 반대'라는 플래카드를 걸어 둔 이유를 단박에 알 것 같았다.

뒤를 돌아보니 분뇨 처리시설과 소를 기르는 축사가 자리하고 있었다. 여기서 지체했다가는 악취에 마비될 것 같았다. 원래 냄새는 유형과 배출원에 따라 다양한 특징을 보이게 마련이다. 특히 가축 분뇨 냄새는 양돈장이나 가축 분뇨를 퇴비로 만드는 시설에서 발생하는 기체상 물질이다. 이런 가축 분뇨 냄새는 주로 귀농 혹은 기업화된 농장이 원주민이 거주하는 마을 인근에 자리 잡으며 발생한다.

예로부터 이르기를 소는 하품밖에 버릴 게 없다고 했는데 그렇지 않은 세상에 우리가 산다. 소는 이제 일손을 대신하는 노동력이 아니다. 그 대신 우유나 고기를 제공하고 뿔과 가죽은 공예품, 악기, 옷, 신발 등을 만드는 원료 제공원이 되었다. 하지만 소에게서 나오는 메탄CH^4 즉 소의 방귀가 큰 문제가 된다. 소의 메탄가스 배출량은 사료, 소의 크기, 생장률, 환경, 온도 등에 따라 차이가 있다. 하지만 정도의 차이일 뿐 젖소나 육우가 배출하는 모든 메탄가스는 환경에 문제가 된다. 메탄은 이산화탄소보다 20배 이상 강력한 온실가스Greenhouse Gas인데 소 한 마리가 자동차 두 대보다 환경에 더 나쁜 영향을 미친다는 보고도 있다. 유엔식량농업기구FAO의 2019년 통계에 따르면 전 세계에는 15억 7천 마리의 소가 있다. 무시할 수 없는 환경오염의 요인이다.

모처럼 가을 나들이에서 만난 이 문제로 자연환경 보호가로 어떻게 대처해야 할지 고민을 안고 돌아간다. 그래도 다행이다. 가을 맑은 하늘 아래 가로수 길에서 감을 따 먹으며, 마음껏 웃어 보는 날이었다. 웃음이 맑게 갠 하늘만큼이나 행복한 시간이었다. 이래서 가을은 여유로운 계절이다. 높고 밝은 하늘, 신선한 마음, 붉게 익어가는 감과 대추를 보면서 마음도 풍성한 가을을 닮아가는 것 같아 행복했다.

청도는 대구와 인접한 청정지역이다. 주말농장으로도 최적일 뿐 아니라 자연의 풍광을 즐기며 힐링할 수 있어 잠시 나들이 가기 적합한 지역이다. 생면부지의 시골길을 거닐며 마음속에 가을을 잔뜩 담아오는 횡재를 즐겼다.

무소뿔

훗날 '무소의 뿔처럼 혼자 걸었노라.'고 말해 주고 싶다. 혼자인 길이 때로는 외로울 때도 있었지만 큰 탈 없이 예까지 걸어온 사실에 자긍심을 가진다. 지난 여정에서 적지 않은 어려움과 좌절이 있었지만 두려움에 굴하지 않았을 뿐 아니라 도전을 멈추지도 않았다.

"남의 말 삼 일 못 간다."고 했다. 비난과 조롱에도 위축되지 않았다. 비판과 비난은 늘 그림자처럼 따라다녔지만, 그것에 대해 괘념치 않았다. 오히려 비난은 더 나아갈 수 있는 동기부여가 되었을 뿐 아니라 스스로 신뢰하는 힘의 원천이 되었다.

"정성을 다하면 돌 위에 풀이 난다."고 한다. 모든 일에 부지런하고 성실했다. 게으르지 않았다. 늘 최선을 다했고, 어떤 경우에도 노력을 아끼지 않았다. 노력과 헌신을 통해 원하는 것을 얻었으며 그것이 성장과 성취의 열쇠였다. 지금에서야 하는 말이지만 그때는 왜 그렇게 부정적인 말들을 많이 했을까? 그들은 왜 안 된다고만 말을 했을까? 아마 그들이 내 인생 철학을 이해하지 못해서 그랬을 것이다. 그들의 비판과 비난은 그림자처럼 따라다녔지만 개의치 않았다. 오히려 앞으로 나아갈 동기를 유발하였고, 신념에 대한 확신을 심어주었다.

'못 먹어도 고'라는 말을 나는 좋아한다. 화투판에서 흔히 쓰는 말이지만 무소가 먼저 뿔을 밀어 넣듯이 늘 '못 먹어도 고'였다. 이런 삶의 방식으로 인해 종종 오해받고 손해 보기도 하지만 어쩔 수 없다.

출구전략이 없는 삶의 방식은 거침없이 앞으로 나아갈 수 있는 기회를 주었다. 다양한 상황에서 계획과 전략을 갖는 것이 중요할 수 있다. 하지만 때로는 출구전략을 갖지 않는 것이 어떤 상황에서는 더 나은 선택일 수도 있다.

미래에 대한 불안과 두려움 때문에 현재의 일을 미루거나 망설일 때가 있다. 이 경우 사선에 출구전략이 있었다면 이를 선택했으리라. 그리고 일에는 때가 있고 시기가 있다며 그럴듯한 포기의 변명을 늘어놓았을 것이다. 이는 중간에 포기할 수 있는 합리적인 이유가 된다. 하지만 사전에 출구전략이 없다면 포기하지 않고 끝까지 밀고 나갈 수 있을 것이다.

모든 상황에 적용할 수는 없다. 상황에 따라 충분한 계획과 준비가 필요하다. 업무를 진행하면서 예상치 못한 문제에 대비해야 한다. 하지만 나는 출구전략 없는 출구전략으로 살아왔다. 그래서 사람들이 나를 미련하다고 하기도 하고, 우직하다고도 한다.

우직한 성격 탓에 애초에 출구전략을 세우지 않는다. 일단 밀어붙인다. 빠져나갈 출구를 전략적으로 짜놓는 것은 비위에 맞지 않다. 포식자를 피해 비밀통로를 만드는 출구전략 따위는 애당초 나와는 맞지 않다.

영리사업에서 비영리사업으로 전환했을 때, 앞도 뒤도 생각하지 않고 전환했기 때문에 사람들이 어리석고 걱정스럽다고 말했다. 내가 선택한 복지와 교육 사업은 비영리사업으로 영리를 추구할 수 없기에 어찌 보면 당연한 우려이기도 했다. 이전과 사뭇 다른 일이니, 걱정되었을 것이다. 한 집안의 가장으로서 내적 갈등을 느낀 것도 사실이다. 하지만 삶의 진정한 가치를 선택한 것을 후회하지 않는다. 더 나은 미래와 삶의 가치 실현을 위해서는 비록 금전적인 동기가 없더라도 가치를 위한 동기 하나로 충분했다. 그리고 이제는 삶의 진정한 의미를 느낀다.

높은 이상을 추구하는 사람은 출구전략을 짤 수 없다. 출구전략을 계획한다는 것은 현실에 안주하라는 말이다. 무소의 뿔처럼 우직하게 걸어왔다. 길을 선택해 그 길을 묵묵히 걸었다. 노력하고 견디며 성장했다. 무시와 비난에는 굴하지 않았다. 이 모든 것이 초등학교 졸업생으로 출발한 지금의 나를 만든 삶의 방식이다.

내일이 있으니

 늦은 시간이다. 차가운 겨울밤을 혼자서 걷는다. 발걸음을 옮길 때마다 졸래졸래 따라오는 그림자나 가로수도 친구가 된다. 나뭇잎은 다 떨어지고 앙상한 가지 사이로 스치는 바람 소리에 혼자 걸어가도 심심치 않다. 바람에 흔들리는 나뭇가지가 말을 거는 것 같다. 고개를 들어 쳐다보기도 하고, 귀를 기울이며 외롭지 않게 걷는다.
 "당신의 꿈은 태양이었고, 당신은 당신의 꿈을 이루기 위해 왔지."
나무가 속삭이는 얘기에 엉뚱한 생각을 했다. 이 겨울을 비롯해 지난여름에도 태양은 변함없이 이글거렸다. 꿈은 이글거리는 태양을 빼닮았다. 꿈은 땀을 뻘뻘 흘리는 순수한 열정이다. 이런 까닭에 나는 어떤 고난이나 장애도 어렵거나 두렵지 않았다. 내일이 있다는 사실이 벅찼다. 그리고 언젠가는 인생의 동지를 만나리라는 기대가 있었고, 새로운 인연을 맺게 되어 설레는 마음이다.
 작업복 차림에 헌 운동화를 신고 복지재단 정원에서 일하고 있노라면 "노가다꾼, 노가다꾼."이라고 무시하고 조롱하는 말을 하는 사람들을 종종 만난다. 전혀 개의치 않는다. 그 일이 즐겁다.

이른 새벽에 출근해서 무언가를 한다. 지금처럼 겨울이면 바람결에 이리저리 휘날리는 나뭇잎을 쓸고, 산책로가 미끄럽지 않게 모래를 뿌린다. 또한, 닭이나 토끼를 비롯해 염소 등에게 먹이를 주고 꽁무니를 졸졸 따라다니는 고양이와 강아지의 재롱에 시간 가는 줄 모른다.

눈이 내리면 정원은 새하얀 눈밭으로 변해 아름답기 그지없다. 하지만 어르신들이 다치지 않도록 쓸고 또 쓴다. 여름이면 직원들이 출근하는 9시까지 날마다 꽃에 물 주고 산책길 다듬고 금붕어 연못을 청소하고 손질한다. 열심히 비질하는데 언제 다가왔는지 고양이가 내 앞에 발라당 누워 애교도 부리고, 강아지는 주위를 맴돌며 꼬리 흔든다. 금붕어는 작은 연못의 폭포 언저리에서 노닐고, 염소는 '메~에~에' 하면서 나뭇잎뿐만 아니라 나뭇가지 껍질까지 벗겨 뜯어먹는 모습이 무척 평화롭고 정겹다.

직원들이 출근하기 전에 일이 끝나기 때문에 이른 아침의 모든 일은 온전히 개인 생활과 다름없다. 선천적으로 노동이 적격인 듯하다. 일할 때가 가장 즐겁고 보람을 느낀다. 주위에서 나이 생각하라는데 몸만 건강하다면 언제까지라도 계속할 참이다.

남들은 어떻게 생각할지 모르지만, 눈을 쓸고 분주히 움직이면 몸이 따뜻해져서 좋다. 때로는 사무실 일보다 처음부터 이런 일을 할 걸 그랬나 싶기도 하다. 이따금 몸을 써서 하는 일이 마음 쓰고 머리 쓰는 일보다 편할 수 있겠다 싶은 뚱딴지같은 생각이 들기도 한다.

"안녕하세요, 이사장님!" 저녁 장사를 마치고 들어오는 이웃이 인사를 건넨다. 맙소사! 회상에 젖어 걷다 보니 시간이 이렇게 된 줄도 모르고. 남은 추억은 잠시 접어두고 내일을 기대하며 이 마음을 시로 옮긴다.

내일이 있으니 나는 그랬다

닮고 싶은 태양이 있어
손이 타버리는 줄 몰랐다
그 뜨거운 열정을

품고 싶은 배낭이 있어
몸이 재가 되는 줄 몰랐다
그 불타는 희망을

삶을 향한 태양이 있어
잎 진 길 혼자인 줄 몰랐다
품에 안겨진 순정을

저만치 가버린 사람
마음만이라도 담으러

이 골목 저 골목

우연히 닮은 사람
하나쯤 마주치면
태양이 있다고

나는 그랬다
내일이 있으니 삶을 증거하고
내일을 살아야 할 이유를 준다

솜털처럼 가벼웠던 노동의 갑옷

"일 좀 줄이시든지, 그만하시든지 해야 할 것 같습니다."라는 의사의 충고를 듣고 병원 문을 나섰다. "약이 많네요. 꼭 챙겨서 드셔야 합니다. 아침에는 파란색 알약, 하얀색 알약에 이것 두 개고, 저녁에는 반 알 더 있어요. 이건 위장약입니다. 약이 위에 부담될 수 있어요, 위장약도 꼭 챙겨 드세요." 약사가 친절하게 복용법을 알려순나.

평소에는 감기약이 고작이었는데 오늘은 한 보따리 약을 처방받았기 때문일까. 약사가 지나칠 정도로 세심하게 설명해 준다. "네, 네"라는 대답에 약사는 "염증에다 진통제에다 관절약까지 있는 걸 보니 일 좀 줄이셔야 할 것 같습니다."라며 부드러운 미소로 어색한 분위기를 누그러뜨리려 했다. 게다가 절뚝거리며 걷는 모습까지 보여 걱정이 되는 것 같다.

정원 산책로에 벽돌 오백 장을 깔고 이어서 천 장을 더 깔았다. 벽돌을 깔기 전에 땅을 고르고, 흙을 파고, 모래를 가져오느라 바빴다. 정원에는 꽃이 가득해야 한다는 생각으로 씨앗을 심고, 뿌리고, 옮겨 심었다. 무와 배추도 심었다. 신선한 채소를 직접 키워 식탁에 올려놓을 수 있겠다고 생각했다. 일이 힘들었나 보다. 마냥 젊다고 생각하고 일했더니 무리가 따랐지 싶다.

어렸을 때, 주변 어른들이 열심히 일해서 성공했다는 이야기를 듣곤 했다. 그들은 끊임없는 노력으로 많은 것을 성취했다. 그 이야기는 내게 영감을 주었고 언젠가 그들처럼 성공하고 싶다는 꿈을 꿨다. 그 시절 학교에서 선생님이 가르쳐주신 교훈이 "열심히 하면 성공할 수 있다." 혹은 "할 수 있다."였다.

나는 무모하리만치 큰 꿈을 품었다. 그때는 뭐든지 이룰 수 있을 것 같았고, 사실 거침없이 꿈을 향해 달려왔다. 세상은 넓고 비전은 크다고 생각하며 살았다. 끊임없이 전진해야 하며 노력만이 무엇이든 이룰 수 있다고 믿었다. 그렇게 일에 모두 걸기[all in] 하며 살았다.

일은 힘들었지만 곤궁했기 때문에 어찌할 도리가 없었다. 가족과 꿈을 위해 희생하기로 했다. 그러다 보니 노동을 통해 느낀 성취감과 안정감은 언제나 위로가 되었다. 열심히 일하니 더 나은 미래가 기다리고 있을 것이라고 믿었다. 열심히 일하며 세월이 흐를수록 얻는 게 많았다. 그 대신 무리하게 일하면 후유증이 따른다는 사실을 오늘 확실하게 배웠다. "무릎이 아프다." 혹은 "관절이 아프다."라는 말은 나와는 상관없는 말이라고 생각했다.

가끔은 젊었던 때로 돌아가 그 시절의 꿈과 열정을 회상하기도 한다. 그때로 돌아갔다면 달라졌을까? 선택은 변함없고 몸을 사릴 생각은 애초부터 없었을 게다. 게다가 자만하거나 거드름을 피울 마음도 없었으리라. 또한, 쉴 틈 없이 뭔가를 이루려고 앞으로 내닫기에 여념이 없었을 것이다. 그 누구도 세월을 이길 수 없다. 세월 앞에 장사 없듯이 흐르는 세월 앞에 내 무릎도 굴복하려는가?

거의 날마다 직원들이 출근하기 전에 두세 시간 일하고, 종일 걸어도 다리가 아픈 줄 몰랐다. 그렇게 단련된 탓에 "산삼 드셨소?"라는 말을 꽤 많이 들었다. 하지만 그런 것을 먹기는커녕 옆에도 가본 적도 없다. 원래 타고난 것도 있겠지만 정신력이 그렇게 만들었던 것 같다.

며칠 전부터 다리가 뻐근했는데도 쉬지 않고 연이어 앉아서 벽돌을 쌓았다. 일을 잘 마치고 정원 손질도 어느 정도 되었다고 생각했는데 그 뒤부터 무리했는지 이따금 무릎 관절 통증을 느끼고 있다. 스스로 생각해도 단기간에 많은 일을 했다. 아마도 그 일로 무릎 관절이 배겨내기 힘들었나 보다.

비록 노동의 무게로 괴로워하지만, 노동이 주는 안정감과 꿈을 향한 불타는 열정이 필요하다는 사실을 더욱 절실히 깨닫는다. 꿈을 좇는 데는 용기뿐만 아니라 노력도 필요하다. 노력의 일환으로 노동을 솜털처럼 느낄 수도 있다. 노동은 단순한 고난의 과정이 아니라 인간을 온전케 하는 수단이 될 수도 있다.

　이즈음은 몹시 조심하고 있다. 하지만 아직은 계단을 오르내리는 데도 손잡이에 의존치는 않는다. 만보萬步 걷는 것도 멈추지 않고 있다. 그동안 건강했던 몸에 감사함을 느낀다. 이제부터 다시 꿈을 향한 여정이 시작된다.

희망

"생명이 있는 한 설레는 마음으로 희망을 품는다"

넘실대는 꿈을 다시 꾼다
두근거리는 인생 2막의 꿈을 꾼다

하루하루 일상에 부대끼시만
자괴감과 외로움에 부대끼지만
다시 힘을 낸다

우리네 아버지들의 꿈이
어연번듯하게 키워보고 팼던 자식들 앞에 시들어간다
리더의 꿈이
리더를 따라오지 못하던 직원들 앞에 아무것도 할 수 없어 자괴감이 든다

산다는 건, 해석하는 힘
거울에 비친 우리 모습
시간을 타고 변한다

거울 그 뒤
변하지 않는 모습
숨어 있는 것을 안다

그래서
희망을 절망보다 강하게 만들고
희망을 승리라 한다

새 아침에는 어제 해가 아닌 새로운 해
희망은 해석을 낳고 힘을 준다

삶은 해석하는 대로다
삶은 생각대로다
그래서 살 만하다

세월에 시달려 꿈이 시들어가는 걸까?

희망이 없는 일은 헛수고이고, 목적 없는 희망은 지속할 수 없는 것이기에
다시 희망을 품어 본다
희망은 깨어있는 꿈이기에 말이다

위대한 희망이 위대한 인물을 만들기에 위대한 꿈을 다시 꾼다
아버지란 이름이, 리더라는 무게가
우리네 마음을 시들게 하고 때로는 울리기도 하지만
두근거리는 인생 이모작에 희망을 실어 꿈을 이루고자 내일을 기대하는 사람이 있다
새로운 사람이 있다
바로 "나"라고 말한다

만사에는 희망이 없으면 재미가 없고
만사에 꿈이 없으면 낙이 없다

"생명이 있는 한 설레는 마음으로 희망을, 꿈을 품는다"